Planen, pflanzen, selbstversorgen:
So holst du das meiste
aus deinem Nutzgarten heraus

EINFACH MEHR ERNTEN

SASCHA SINGH

Mit Fotografien von Fabian Weiss

Löwenzahn

Inhalt

Jede Geschichte braucht einen Anfang!

Die Entscheidung, einen Teil deiner Nahrung selbst anzubauen, ist der Beginn einer Geschichte – deiner Gartengeschichte! Es wird eine Geschichte voller Erlebnisse, die dich wieder näher zur Natur bringen, voller Emotionen und ... es wird eine gute Geschichte werden.

Ich möchte dir in diesem Buch einfache, aber effektive Wege mitgeben, wie du massenhaft frisches, unbelastetes Gemüse, Kräuter und Obst aus dem eigenen Garten holen und dieses Projekt in deinen Arbeits- und Familienalltag einbinden kannst. Ganz ohne Arbeit wird es nicht funktionieren, aber ich werde dir zeigen, wie sich viel Aufwand und Zeit einsparen lässt.

Als ich 5 Jahre alt war, besorgte uns meine Mutter eine winzig kleine Gartenparzelle. Schon damals konnte ich beobachten, was gut funktioniert und was nicht. Seitdem hatte ich immer etwas mit Garten zu tun – auch, wenn ich beruflich kein Gärtner bin. Mich hat das Gartenfieber nie mehr losgelassen und ich bin mir sicher, dir wird es genauso gehen. Die Freude an dieser ursprünglichen Art der Arbeit, aber auch die Frische und der Geschmack der eigenen Ernte sind einfach Dinge, auf die du nicht mehr verzichten wollen wirst.

Ich gärtnere inzwischen nicht mehr für mich allein, sondern gebe vielen Tausend Menschen Tipps und Tricks zum Gemüseanbau – teilweise in meinem Garten, teilweise in einer Gärtnerei oder anderen spannenden Gärten – und das jede Woche, auf meinem YouTube-Kanal SelfBio.

Auf die Plätze, fertig – planen: Was du zum Start wissen solltest

Ich beginne dieses Buch mit einer Frage an dich: Warum möchtest du deinen eigenen Nutzgarten haben?

— Weniger einkaufen und dabei Geld sparen wäre toll.
— Es ist schön, wenn die ganze Familie weiß, woher die Lebensmittel kommen.
— Ich möchte naturnah gärtnern und auch etwas für die Umwelt tun.
— Ich möchte keine Herbizide oder Pestizide in meinem Gemüse.
— Ich habe wenig Zeit, aber etwas Eigenes zu ernten ist mir wichtig.
— Aus der Fläche, die ich habe, möchte ich das Maximum rausholen.
— Ich suche einen Ausgleich zu Stress und Hektik.
— Mir ist es wichtig, meine Ernte so frisch wie möglich zu verarbeiten.
— Ich finde, dass selbst angebautes Gemüse einfach besser schmeckt.
— Ich möchte Lebensmittel ernten, die ich nicht kaufen kann.
— Ich möchte viel Gemüse und Obst einmachen und einlagern.

Hast du hier den ein oder anderen Grund gefunden, der dich zum Gärtnern bewegt? Das Schöne ist: Auch wenn nur ein einziger Punkt deine Hauptmotivation war, gibt es die anderen Sachen gratis dazu und dieses Buch ist genau das richtige für dich.

Es ist tatsächlich einfacher, als du vielleicht denkst, sehr viel Obst, Gemüse und Kräuter aus dem eigenen Garten zu ernten – ohne, dass du dir damit einen Fulltime-Job schaffst. Welche Methoden, Tipps und Tricks dir dabei helfen, erfährst du in den folgenden Kapiteln.

Gleichzeitig ist klar, dass es ganz ohne Arbeit und Zeit natürlich nicht geht. Die Menge, die du ernten kannst, hängt u. a. von diesen beiden Faktoren ab, und davon, wie groß dein Grundstück ist – ach ja, und die Witterungsbedingungen haben auch jedes Jahr ein gehöriges Wort mitzureden. Wichtig ist, dass du dich nicht mit zu hohen Zielen verzettelst. Fang lieber kleiner an und nimm jedes Ernteerfolgserlebnis mit ins nächste Gartenjahr.

Einer von vielen guten Gründen fürs Gärtnern? Du hast immer frische Lebensmittel auf dem Tisch.

Supermarkt, Gärtnerei, Bauernhof: Dein Alles-in-einem-Nutzgarten

Selbst wenn du nur sehr wenig Anbaufläche zur Verfügung hast, macht es durchaus Sinn, dein Gemüsegartenprojekt als eine Art kleine Landwirtschaft zu sehen. Zwar bist du nicht unmittelbar auf eine reiche Ernte angewiesen, aber mit diesem Ziel im Hinterkopf fällt es dir leichter, dich zu motivieren, etwas Wichtiges für deinen Garten zu tun. Auch dann, wenn du eigentlich keine Lust dazu hast, z. B. bei nassem Wetter etwas auszusäen, nach einem heißen Sommertag deine Pflanzen zu gießen oder endlich Brennnesseljauche anzusetzen.

Die gute Nachricht ist, dass du dir im privaten Nutzgarten nicht den gleichen Druck machen musst wie im gewerblichen Gemüseanbau. Denn bei Letzterem hängt von der guten Ernte viel, um nicht zu sagen alles ab: das eigene Einkommen, Arbeitsplätze und die Versorgung anderer Menschen mit Lebensmitteln. Dazu kommen viele gesetzliche Vorgaben, was die Landwirtschaft nicht gerade zu einem einfachen Broterwerb macht.

Im eigenen Garten wiederum bewirtschaftest du nur ein kleines Stück Land, musst kein perfekt aussehendes Gemüse für den Verkauf produzieren und dich nicht an ein umfassendes Werk an Gesetzen halten. Du hast den Luxus, dass bei dir nicht alle Erträge gleich groß und Handelsklasse A sein müssen. Du kannst Sorten auswählen, die vielleicht etwas weniger lange haltbar sind und ungleiche Früchte bringen, aber viel besser schmecken. Und: Du kannst in deinem Garten durch die Wahl der Pflanzen (Gemüse, Obst, Blumen, Wildpflanzen) und die Art der (Boden-)Bearbeitung für einen Artenreichtum an Pflanzen und Tieren sorgen, der seinesgleichen sucht.

Gleichzeitig kannst du von Gärtnereien und landwirtschaftlichen Betrieben sehr viel lernen und dir ein paar Methoden abschauen, z. B. was die Planung und Strukturierung angeht. Seit einiger Zeit gibt es kleine Gemüsegärtnereien, die mit wenig Land, minimalem Budget und nur sehr wenigen Arbeitskräften auskommen. Maschinen wie Traktoren gibt es so gut wie nie, die Ernte wird meistens selbst vermarktet, und trotzdem funktionieren viele dieser sogenannten Market-Gardening-Projekte bestens.

Was ist Market Gardening bzw. Marktgärtnerei? Vielleicht kennst du sie auch aus deiner Nähe: kleine Gärtnereien, die ihre Ernte ausschließlich selbst vermarkten – im eigenen Hofladen oder über Gemüsekisten, die du im Abo beziehen kannst. Die Fläche einer solchen Marktgärtnerei ist im Vergleich zur herkömmlichen Landwirtschaft überschaubar, nicht selten wird sie nur von sehr wenigen Menschen bewirtschaftet. Gemüse wird bewusst sehr dicht gepflanzt, da hier keine großen Maschinen durch die Reihen fahren. Vieles wird in Handarbeit geleistet, wie die Beikrautbekämpfung, oder es werden kreative Methoden gefunden und Werkzeuge entwickelt, die die Arbeit erleichtern.

Um aus der kleinen Fläche so viel und so lange wie möglich im Jahr Ertrag herauszuholen, wird die Ernte verfrüht und verlängert – auch der Winter ist eine wichtige Anbauzeit. Trotzdem wird darauf geachtet, dass der Boden fruchtbar bleibt: durch die Planung von Fruchtfolgen, Gründüngung, Kompostgaben und eine schonende Bearbeitung.

Genau das wollen wir schließlich auch für unseren privaten Nutzgarten: mit wenig Land, Geld und kleinem Zeitaufwand eine möglichst große Ernte einfahren. Der Schlüssel zum Erfolg liegt im Ideenreichtum, dem Adaptieren von bereits vorhandenem Wissen viel größerer Landwirtschaften und der Kreativität in Sachen Vermarktung. Viele Menschen, die solche Mini-Gärtnereien betreiben, schaffen dies mit überschaubarem Zeitaufwand neben ihren eigentlichen Berufen. (Mehr zum Faktor Zeit findest du ab S. 22.) Von ihrem Wissen kannst du auch stark in deinem eigenen Gemüsegarten profitieren – und aus deinem Hobby nicht nur Spaß, sondern auch jede Menge Ernteerträge ziehen.

Einfach so und jederzeit loslegen?

Wenn die Entscheidung für den eigenen Gemüsegarten erst einmal gefallen ist, kribbelt es ordentlich in den Fingern. Niemand könnte besser verstehen als ich, dass du jetzt sofort loslegen möchtest. Aber ist das grundsätzlich in jedem Monat auch sinnvoll? Die gute Nachricht: Ja, irgendetwas kannst du immer tun.

Das fängt schon mit der Planung an: Wie soll dein Wunschgarten aussehen? Nimm dir ein Blatt Papier und einen Stift und fang an zu zeichnen. Oder hast du vielleicht ein Grundstück übernommen? Dann kannst du es von allen Dingen befreien, die dort nicht hingehören: Müll, Pflanzen, die da wachsen, wo du sie nicht haben möchtest, alte Wegplatten versetzen usw.

Wenn das Wetter mitspielt, kannst du auch im Spätherbst, Winter und im frühen Frühjahr einiges erledigen: Frühbeete oder einen Komposthaufen anlegen, Regentonnen eingraben, Hochbeete errichten und befüllen, einen Folientunnel oder ein Gewächshaus aufbauen oder sogar einen Unterstand für dich und das Werkzeug bauen. Bei der Bodenbearbeitung wiederum kommt es dann doch ein wenig auf das richtige Timing an. Hier kannst du natürlich erst loslegen, wenn die Böden aufgetaut und idealerweise nicht extrem nass sind. Warte am besten bis zum Frühjahr, je nachdem, in welcher Region du lebst.

Klar, einige der Anfangsarbeiten sind anstrengender und zeitintensiver als andere. Aber lass dich davon nicht demotivieren, denn diese Arbeiten stehen nicht jedes Jahr an. Und wenn du im ersten Jahr nur die Hälfte der geplanten Beete schaffst, ist dies nicht weiter schlimm. Nutze lieber direkt die neu entstandenen Beetflächen, statt zu warten, bis alle Beete fertig angelegt sind. Glaub mir: Nichts motiviert so stark wie die erste Ernte.

Was du (nicht) unbedingt brauchst

Im Folgenden habe ich einige Dinge zusammengestellt, die du benötigst, wenn du anfängst, Beete zu bewirtschaften. Praktischerweise ist das tatsächlich gar nicht so viel. Vielleicht kennst du ja nette Menschen, die dir zum Start einige „Basics" ausleihen können. Sobald dich aber erst einmal das Gartenfieber gepackt hat und du weißt, dass du dein neues Hobby langfristig betreiben willst, lohnt sich eigenes Gartenwerkzeug definitiv. Dabei sind größere Anschaffungen umso sinnvoller, je größer die Fläche ist. Anschließend findest du ein paar Beispiele, welche Investitionen in welchem Fall sinnvoll wären bzw. was du erst einmal mieten kannst.

Fall 1: Du musst Rasenfläche erst in Beete umwandeln.

— Spaten + Grabegabel oder Broadfork (Doppelgrabegabel)
— Optional: Einachser (mieten)
— Optional: Grassodenschneider (mieten)

Eine Rasenfläche oder ein verwildertes Stück Land in Beete umzuwandeln, ist Arbeit – die sich schon im ersten Jahr lohnt. Zwar könntest du auch die NoDig-Technik anwenden, bei der Pappe für mindestens 1 Jahr auf den Boden gelegt und mit Erde beschwert wird. Ich persönlich halte jedoch nicht viel von solchen Techniken, denn erstens geht dir so ein Jahr verloren und zweitens konnte mir niemand mit Gewissheit beantworten, ob sich das negativ auf das Bodenleben auswirkt.

Es kann natürlich sein, dass dir diese Arbeit körperlich oder zeitlich nicht möglich ist. Dann hast du die Möglichkeit, dir einen Einachser oder einen Grassodenschneider zu mieten. Aber Vorsicht: Die Bedienung dieser Geräte erfordert auch Kraft. Lass dich auf jeden Fall beraten, bevor du fröhlich drauflos mietest. Kommt auch das für dich nicht in Frage, dann lass dir bei einer lokalen Firma für Garten- und Landschaftsbau einen Kostenvoranschlag machen.

12
13

Wenn du Beete erst neu anlegen musst, erfordert das natürlich etwas mehr Zeit.

Fall 2: Die Beete existieren bereits.

1 → Basics

— Grabegabel + Spaten
— Rechen
— Grubber
— Pflanzschaufel
— Schere oder Zange
— Schubkarre
— Schnüre: zum Anbinden, Markieren von Saatreihen
— Optional: Broadfork (erspart viel Arbeit und Zeit, ersetzt teilweise Spaten und Grabegabel)
— Optional: Sauzahn
— Optional: Rübenhacke (Beikrautentfernung)
— Optional: Radhacke

2 → Zäune

Je nach Standort des Gartens zählen Zäune zu den wichtigsten Anschaffungen, um Rehe, Wildschweine und andere Tiere davon abzuhalten, die Ernte abzustauben. Was du an Material benötigst, hängt von der Art des Zauns ab. Möchtest du einen Doppelstabmattenzaun, einen Maschendrahtzaun oder einen Holzzaun? Jede Bauweise benötigt andere Komponenten und Werkzeuge. Lass dich dazu am besten im Baumarkt oder Fachhandel beraten.

Eine gewisse Grundausstattung lohnt sich auf jeden Fall, aber du musst dafür nicht gleich ein Vermögen ausgeben.

3 → Bewässerung

— Gießkanne(n) mit Aufsatz
— Wassertonne oder ähnliches (spart Frischwasser)
— Optional: Tropfbewässerung
— Optional: Ballbrause für Jungpflanzen

4 → Kompost

— Umrandung (gekauft oder selbst gebaut)
— Forke oder Grabegabel zum Wenden des Komposts
— Optional: Durchwurfsieb
— Optional: Thermokomposter (Hier dürfen auch einige Küchenabfälle hinein, da diese Art Komposter geschlossene Systeme sind, sodass keine Ratten angelockt werden.)

5 → Nützliches

— Kübel, Töpfe, Wannen: z. B. zum Ansetzen von Jauche
— Metallstangen in unterschiedlichen Größen (als schnelle Rankhilfe oder Stütze, zum Markieren ...)
— Gemüseschutznetze als vorbeugende Maßnahme gegen gefräßige Raupen (vor allem bei Kohl wichtig)
— Pflanzenschilder und Stifte
— Hammer: zum Einschlagen von Stangen, Pfählen etc.
— Mülleimer
— Korb oder Siebe für die Ernte
— Sitzgelegenheit und Sonnenschutz

6 → Dünger

— Organischer fester Dünger: z. B. Schafwollpellets, Hornspäne
— Organischer flüssiger Dünger: z. B. Brennnesseljauche
— Optional: Messbecher und kleine Waage, um empfohlene Düngemengen abzumessen

7 → Für Bäume und Sträucher

— Astschere
— Gartenschere
— Spaten für das Pflanzloch

8 → Material zur Ernteverlängerung/-verfrühung

— Frostschutzvlies
— Verfrühungsvlies

Mit der Broadfork lässt sich der Boden wesentlich zügiger bearbeiten.

DIE BROADFORK: REVOLUTION IM KLEINGARTEN

Die Bodenbearbeitung im Frühjahr lief für mich lange Zeit unter dem Motto: „Hilft ja nichts – muss gemacht werden". Auf der einen Seite war diese körperlich anstrengende Arbeit nach dem Winter irgendwie befreiend – auf der anderen Seite teilweise so anstrengend, dass ich sie auch gerne vor mich hingeschoben habe. Vielleicht wisst ihr, was ich meine?

Dann hörte ich immer häufiger etwas von einem Werkzeug namens Doppelgrabegabel oder Broadfork. Zuerst habe ich dem kaum Bedeutung beigemessen, schließlich gibt es immer sehr viele neue Werkzeuge. Wobei die Broadfork tatsächlich alles andere als neu ist: Die Urform namens Grelinette wurde in den Fünfziger-/Sechzigerjahren erfunden.

Durch einen Zufall kam ich mit einem Werkzeughersteller in Kroatien in Kontakt, mit dem ich mich lange über dieses Gerät unterhielt. Zu diesem Zeitpunkt war ich bereits auf der Suche nach spannenden Produkten für meinen Onlineshop. Er schickte mir eine Broadfork zu und ich konnte es kaum erwarten, dass sie ankam.

Als ich dann endlich die ersten Meter Beetfläche in meinem Garten mit der Broadfork gelockert hatte, dachte ich mir nur: „Wow!". Es war echt unglaublich, wie schnell und wie mühelos die Arbeit im Vergleich zu Spaten oder Grabegabel voranging.

Die Handhabung funktioniert so: Du setzt die Broadfork-Zinken auf der Erde an, trittst auf das Rohr und ziehst beide Griffe um ca. 30–40° zurück. Die Zinken heben den Boden leicht an und lockern ihn, ohne die Bodenschichten zu wenden – und das auf einer Breite von mindestens 60 cm. Dann setzt du ca. 10–15 cm hinter dem gelockerten Boden an, trittst wieder auf das Rohr, ziehst die Griffe zu dir und immer so weiter. Ich habe das später in meinem Garten mal mit der Stoppuhr gestoppt: Für ein 8 m langes Beet habe ich nur 2,5 Minuten gebraucht – neuer Rekord!

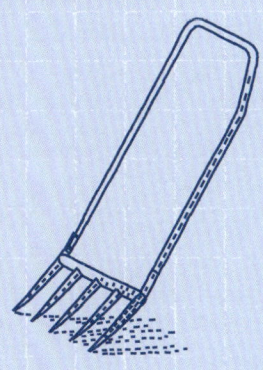

WAS KOSTET GUTES WERKZEUG?

18
—
19

Für Werkzeug kannst du sehr viel Geld ausgeben – und gleichzeitig gilt: Werkzeug, das du zu billig kaufst, kaufst du häufig zweimal. Ja, ich weiß, ein häufig gehörter Spruch. Nach etlichen verbogenen Handschaufeln, Spaten und Grabegabeln kann ich das aber in diesem Fall unterschreiben. Viele Werkzeuge, die u. a. im Baumarkt angeboten werden, sind nicht auf Langlebigkeit konstruiert. Einem Spaten für 20 € würde ich zum Beispiel nicht trauen.

Das heißt aber trotzdem nicht, dass es schon am Anfang unbedingt das handgeschmiedete Profi-Werkzeug sein muss (auch wenn du dieses für viele Jahrzehnte nutzen könntest). Generell kannst du ab 50 € schon relativ sicher sein, dass die Qualität stimmt. Oder du siehst dich alternativ auf Flohmärkten um, wo du älteres, aber qualitativ hochwertiges Werkzeug oft günstig findest.

Bei der Auswahl sollte aber nicht nur der Preis ausschlaggebend sein. Die Ergonomie ist nicht zu unterschätzen, denn unterm Strich wirst du mit deinem neuen Werkzeug sehr viele Stunden arbeiten. Ist das Werkzeug zu klein, zu schwer, zu lang oder zu kurz, macht sich mit der Zeit der Rücken bemerkbar. Kennst du andere Gartenbegeisterte? Dann frag doch einfach mal, womit sie arbeiten und ob du dir gelegentlich ihre Ausstattung anschauen bzw. diese ausprobieren kannst.

Fazit: Für eine Grundausstattung, bestehend aus Spaten, Grabegabel, Pflanzschaufel, Rechen und Rübenhacke, würde ich etwa 200 € kalkulieren.

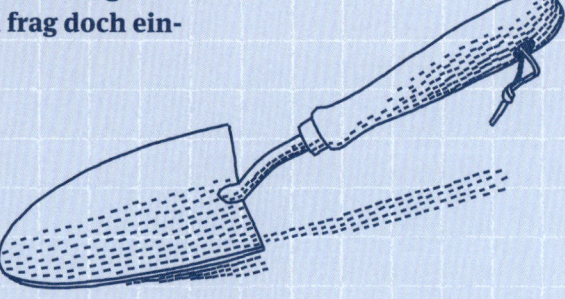

Startkapital: Sprechen wir über Geld

Du brauchst nicht viel Geld, um im Garten durchstarten zu können. Möglichkeiten zum Improvisieren gibt es immer: Du kannst dir Dinge ausleihen, Jungpflanzen und Saatgut tauschen, Upcycling-Ideen testen und Sachen, die eh schon da sind, kreativ verwenden. Wirf auch mal einen Blick in die örtlichen Online-Kleinanzeigen, dort findet sich oft eine Rubrik „zu verschenken". Ich habe auf diese Art u. a. schon viele Steine bekommen, die mir nun als Wege, Beetumrandung oder als Fußboden für meine Sitzecke dienen.

An einer Sache kommst du allerdings nicht vorbei, wenn du keinen eigenen Garten besitzt: der Grundstückspacht. Je nach Ort kann diese bei unter 1 € pro m² pro Jahr liegen – oder in besonders gefragten, meist urbanen Lagen bis zu 10 € und mehr betragen. In Kleingartenanlagen können noch diverse Nebenkosten auf dich zukommen. Dementsprechend legst du am besten zuerst einmal ein Budget fest: Wie viel kannst und möchtest du für einen Garten zahlen? Kalkuliere dabei auch die An- und Abreise bzw. die Wegstrecke ein – liegt ein günstiger Garten zu weit weg, kann er unterm Strich teurer sein.

Stichwort Budget: Wie schon erwähnt, kannst du dir für 200 € eine gute Grundausstattung zulegen. Jetzt kommen noch Saatgut und Jungpflanzen hinzu; dafür solltest du mit mindestens 100 € rechnen. Wenn in deinen Garten außerdem noch Sträucher und Obstbäume einziehen sollen, kannst du je nach Gartengröße und Wünschen schnell ein Vielfaches davon ausgeben.

Eine weitere Kostenstelle kann Wasser sein, jedenfalls dann, wenn es an die Frischwasserleitung geht. Solltest du dir unsicher sein, wie viel du verbrauchst, installiere eine kleine Wasseruhr, um den Überblick nicht zu verlieren. Meiner Erfahrung nach halten sich die Wasserkosten in Grenzen. Trotzdem ist es immer am besten und günstigsten, wenn du einen Weg findest, Regenwasser zu sammeln und zu nutzen (mehr dazu auf S. 56). So handhabe ich das auch in meinem Garten.

So viel einmal zur Ausgabenseite – auf der anderen Seite werde ich oft gefragt, ob sich das Projekt Gemüsegarten finanziell lohnt. Ich selbst bin nie mit dem Anspruch an die Sache herangegangen, Geld zu sparen. Ich habe es trotzdem einmal grob ausgerechnet und hatte Ende April schon meine Gartenpacht und die Kosten für das Saatgut wieder abgedeckt – also lange vor den Hauptertragsmonaten. Durch meine Gartenplanung und den Folientunnel kann ich selbst in den Wintermonaten eine ganze Menge ernten. Was ich in so einer Rechnung natürlich nicht berücksichtige, ist meine eigene Arbeitszeit. Und warum sollte man das tun: Bei anderen Hobbies käme auch niemand auf diese Idee.

Viele Wege in meinem Garten bestehen aus Steinplatten, die ich sehr günstig oder sogar umsonst bekommen habe.

SPART ZEIT UND GELD: EIN GESUNDER BODEN

Mit einem fruchtbaren, gesunden Boden hast du schon halb gewonnen. Dementsprechend gehört es zu deinen wichtigsten Gartenaufgaben, für die Bodengesundheit zu sorgen. Das kann einerseits bedeuten, den Boden aufzupäppeln oder andererseits, einen bereits gesunden Boden laufend zu pflegen. Ist dein Boden gesund, explodiert er förmlich vor Leben. Da machen Tiere wie Regenwürmer, Kellerasseln oder Schnecken, die mit dem Auge sichtbar sind, nur einen Bruchteil aus.

Kleinstlebewesen, Pilze und Bakterien halten das Ökosystem Boden am Laufen und nehmen dir viel Arbeit ab.

Aber inwiefern spart ein gesunder Boden denn nun Zeit und Geld? Ganz einfach: All die Organismen sorgen für Lockerung und setzen Pflanzenreste schneller um. Wasser und Nährstoffe können besser gespeichert werden. Die Bearbeitung wird einfacher, du musst weniger Nährstoffe hinzufügen und im Sommer auch weniger gießen. Eine wichtige Voraussetzung ist, dass du deinem Boden nicht immer nur etwas entnimmst (Ernte), sondern ihn auch

fütterst – mit Mulch, Kompost und anderem organischem Material – und dafür sorgst, dass er durch Pflanzen oder Mulch geschützt ist.

Du siehst: Auf lange Sicht lohnt es sich ausnahmslos immer, Zeit in die Bodenverbesserung zu stecken. Was du konkret tun kannst, um den Boden zu pflegen bzw. seine Qualität zu verbessern, erfährst du im Kapitel über Böden ab S. 82.

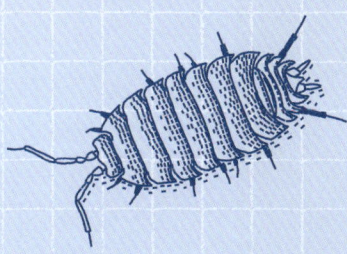

Welchen Zeitaufwand solltest du einplanen?

Der alte Herr, der vor mir meinen Garten gepachtet hatte, meinte bei der Übergabe: „Dein Garten möchte dich jeden Tag sehen." Mittlerweile sind aus den ursprünglich 200 m² stolze 400 m² geworden, und auch wenn ich Ratschlägen von anderen (sehr erfahrenen) Menschen immer offen gegenüberstehe: Nach den vielen Jahren, die ich diesen Garten nun bewirtschafte, kann ich meinem Vorpächter nicht ganz zustimmen. Ich würde seine Aussage etwas umformulieren: Wenn du die Chance hast, jeden Tag deinen Garten zu besuchen, dann mach es – vor allem für dich.

Sehen wir uns mal an, wie sich der Zeitaufwand konkret zusammensetzt. Denn eine gewisse Stundenzahl ist auf jeden Fall nötig. Wie hoch der Aufwand konkret ausfällt, hängt u. a. von der Gartenfläche ab und auch davon, welche körperliche Leistung du aufbringen willst bzw. kannst.

Grundsätzlich wird der Zeitaufwand immer weniger, nachdem die Beete einmal angelegt sind und die „Garten-Infrastruktur" steht. Klar, es gibt Zeiten im Jahr, wo wirklich viel zu tun ist. Es gibt aber auch Perioden in der Hauptsaison, wo du dich zurücklehnen kannst. Bodengesundheit, Planung, Bewässerung, die stets wachsende Erfahrung: All diese Punkte helfen dir, deinen Garten bei immer weniger Zeitaufwand erfolgreich zu managen.

In unserem Beispiel müssen die Beete und Wege nicht erst angelegt werden.

Um ein konkretes Beispiel zu geben, gehe ich von einem Garten mit 100 m² Fläche aus. Die Beete und Wege sind bereits angelegt. 70 % der Gesamtfläche machen die Beete aus, der Rest sind Wege und ein Bereich für den Komposthaufen. Ein Strom- oder Frischwasseranschluss ist nicht vorhanden, genauso wenig wie ein Gewächshaus. Es werden nur Werkzeuge ohne Strom oder Benzin verwendet. Verdoppelt sich nun die Gartenfläche, heißt das nicht, dass sich die Arbeitszeit ebenfalls verdoppelt. Für 200 m² würde ich über das Jahr gerechnet etwa 30 % mehr Arbeitszeit einplanen.

Im Anschluss siehst du, wie der Aufwand über die Monate hinweg verteilt wäre. Für einen konkreten Anhaltspunkt habe ich aufgezählt, was ich in meinem Garten jeweils erledige.

Januar → Im Januar gibt es kaum etwas zu tun, ich ernte nur gelegentlich Winterkohl und sehe nach dem Rechten. Wenn ich Lust habe, beginne ich mit der Voranzucht von Chilis oder Gemüsezwiebeln im Haus und fertige einen Beetplan für die kommende Saison an. So komme ich auf maximal 1 Stunde pro Woche.

Februar → Der Zeitaufwand bleibt überschaubar. Wenn das Wetter mitspielt, stehen erste Aussaaten wie dicke Bohnen an, die direkt ins Freiland kommen. Weitere Aussaaten wie Zwiebeln, Kohl, Paprika und erste Salate finden im Haus statt. Wie im Vormonat gibt es noch das ein oder andere zu ernten. Da um diese Zeit die Böden entweder gefroren oder noch sehr feucht sind, verzichte ich auf Bodenbearbeitung – auch wenn das Wetter hier teilweise sehr verführerisch sein kann. Beim Bearbeiten eines zu feuchten Bodens besteht allerdings das Risiko, diesen zu verdichten. Wenn ich sehr motiviert für Gartenarbeit bin, räume ich auf, was vom Vorjahr noch übriggeblieben ist (z. B. zu große Pflanzenreste). Auf mehr als 2 Stunden Gartenarbeit pro Woche komme ich weiterhin nicht.

März → Je nach Wetterlage steht jetzt die Bodenbearbeitung an. Zuerst entferne ich alles, was sich noch auf den Beeten befindet und da nicht hingehört: Reste vom Vorjahr und Beikräuter. Seit ich meinen Boden nicht mehr umgrabe, sondern mit einer Broadfork bearbeite, benötige ich für die 70 m² Beetfläche nicht einmal mehr 1 Stunde (und mein Rücken freut sich). Die Beete, auf denen sich seit dem letzten Herbst Überwinterungskulturen wie Knoblauch oder Zwiebeln befinden, werden natürlich nicht bearbeitet; maximal wird hier das Beikraut entfernt. Organischen Dünger oder Kompost arbeite ich jetzt teilweise schon in den Boden ein.

Erste Aussaaten wie Spinat, Karotten oder Rote Bete stehen jetzt an. Ab Mitte bis Ende März ziehen die vorgezogenen oder gekauften Jungpflanzen in die Beete – natürlich nur solche, die mit niedrigen Temperaturen zurechtkommen. Sowohl die Aussaaten als auch die Jungpflanzen werden angegossen. Weiteres Gießen ist aufgrund der typischen Niederschläge um diese Zeit meistens nicht nötig. Im März solltest du schon 20–30 Stunden für den ganzen Monat einplanen. Das kannst du dir aber gut einteilen.

April → Im April stehen weitere Aussaaten und Pflanzungen an. Um später im Jahr weniger Arbeit zu haben, ist es wichtig, dass ich in den Beeten alle Beikräuter entferne, sobald diese keimen. In einem trockenen April ist es auch schon mal nötig, alle 2–3 Tage zu gießen. Da ich den Boden bereits im März bearbeitet habe, liegt die Arbeitszeit bei ca. 15–20 Stunden für den ganzen Monat.

Spätestens jetzt heißt es: weg mit Beikräutern.

Mai → Neben neuen Aussaaten und Pflanzungen, vor allem ab Mitte Mai, stehen jetzt erste Ernten an. Alles sollte jetzt gut wachsen – auch die Beikräuter, die ich natürlich weiter entfernen muss. Schutzvorrichtungen wie Gemüseschutznetze sind aufzustellen und ungewünschter Gartenbesuch von Tieren wie Schnecken oder Wühlmäusen wird häufiger. Der Gießaufwand nimmt zu, aber ein gut gemulchter Boden verhindert, dass das Wasser schnell verdunstet. Wenn deine Wege nicht aus Stein, sondern aus Gras sind, muss dieses geschnitten werden. Der monatliche Zeitaufwand beläuft sich auf ca. 20 Stunden.

Im April und Mai kannst du schon mit ersten Erträgen rechnen.

Juni, Juli → Wenn du keine automatische Bewässerung hast, wie zum Beispiel Tropfschläuche, macht das Gießen in den Sommermonaten einen Hauptteil der Arbeit aus – dicht gefolgt vom ständigen Beikraut-Entfernen. Jetzt sind auch regelmäßige Kontrollgänge sinnvoll, um mögliche Krankheiten, Blattläuse, Kohlweißlinge o. Ä. rechtzeitig zu entdecken und Gegenmaßnahmen einzuleiten. Wo du Pflanzen geerntet hast, solltest du die Lücken mit neuen Pflanzen auffüllen, denn schon jetzt ist es wichtig, an dein Wintergemüse zu denken.

In den Sommermonaten ist der Zeitaufwand stark von Temperaturen und Niederschlag abhängig. Bei Trockenheit sind statt langer Arbeitssessions wie im Frühjahr eher häufige, kurze Besuche zum Gießen angesagt. Insgesamt kannst du mit 2–3 Stunden pro Woche rechnen.

Im Sommer ist das Gießen eine der zeitintensivsten Aufgaben.

August, September, Oktober → Hast du in den Vormonaten gut gemulcht und regelmäßig alle Beikräuter entfernt, dann hält sich die Arbeit im August und September in Grenzen. Spätestens jetzt stellt sich die Frage: Wohin mit all dem geernteten Gemüse? Abgesehen davon gibt es einige Kleinigkeiten zu erledigen: Tomaten anbinden und ausgeizen, Kontrollgänge und wieder neue Aussaaten und Pflanzungen. Ende Oktober stecke ich noch den Herbstknoblauch und die Winterzwiebeln. Diese kleinen Tätigkeiten kostet dich in etwa 1,5 Stunden pro Woche.

November, Dezember → Jetzt beginnt die ruhigere Jahreszeit. Ich lasse alle Pflanzenreste auf den Beeten liegen – das schützt den Boden und freut diverse Bodenlebewesen. Durch gute Planung kann ich noch einiges ernten.

Dein Garten, deine (Beet-)Planung: Von Beeten, Wegen und was sonst noch dazugehört

Brennnesseln wachsen gerne in den schattigen Ecken deines Gartens, aber wirf sie nicht weg. Sie sind ein wichtiger „Rohstoff" für Jauche oder zum Mulchen.

Wann und wo wird es in deinem Garten schattig? Diese Frage stellst du dir am besten gleich am Anfang.

Stopp! Ich kann total gut verstehen, dass du eigentlich sofort in deinen Garten gehen und loslegen möchtest, aber: Gedulde dich am besten noch einen kleinen Moment, denn in diesem Kapitel zeige ich dir, was du beim Anlegen der Beete beachten solltest. Schließlich hast du jede Menge Gestaltungsmöglichkeiten, um aus deiner Gartenfläche nicht nur einen ertragreichen, sondern auch einen ganz besonderen, einzigartigen Ort zu machen. Im Grunde gibt es dabei nur einen einzigen limitierenden Faktor: deine Gartenfläche selbst. Damit meine ich nicht nur die Größe, sondern auch die Lage. Deshalb: Lerne dieses Stück Land erst einmal kennen.

Am wichtigsten ist es, zu wissen, wann die Sonne wo steht. Deine Gemüsebeete planst du idealerweise dort ein, wo sie die meisten Sonnenstunden abbekommen. Berücksichtige dabei auch alles, was Schatten wirft oder werfen könnte, z. B. Häuser, Mauern, Hecken und Bäume – nicht zuletzt mit Blick in die Zukunft: Ist das Nachbargrundstück noch unbebaut, aber es ist nur eine Frage der Zeit, bis sich das ändert? Wächst der frisch gepflanzte Baum in den nächsten Jahren zu einer stattlichen Höhe von 8 m heran? Und: Mit welchem Lichteinfall kannst du im Winter rechnen, wenn die Sonne nicht so hoch steht wie im Sommer?

Damit dir bei so vielen Fragen nichts entgeht, zeichnest du dir deinen Garten am besten einmal auf und fügst alle Elemente ein, die Schatten werfen. Hilfreich ist dabei der gute alte Merksatz: „Im Osten geht die Sonne auf, im Süden ist ihr Mittagslauf, im Westen wird sie untergehen, im Norden ist sie nie zu sehen." (Jedenfalls, wenn du auf der Nordhalbkugel dieses Planeten wohnst.) Kleiner Tipp: Du musst jetzt nicht den ganzen Tag im Garten stehen und den Sonnenverlauf beobachten – eine Kompass-App für dein Smartphone tut's auch. Was du allerdings vor Ort beobachten solltest, ist, wie weite Schatten die Nachbarhäuser werfen.

Aber: Liegen einige Flächen zu gewissen Tageszeiten im Schatten oder Halbschatten, sind sie deshalb noch nicht automatisch für den Gemüseanbau verloren. Die Frage ist immer, wie viel Licht sie bekommen. Ich habe zum Beispiel ein Beet, das im Sommer ab ca. 14 Uhr von der Hecke des Nachbarn etwas abgeschattet wird.

Achte beim Hauptweg (hier gelb markiert) darauf, dass du genug Platz für einen Schubkarren o. Ä. hast.

Die Lösung ist einfach: Hierhin kommen Pflanzen, die höher werden, wie z. B. Bohnen, Tomaten, Sonnenblumen oder Mais. Ihr hoher Wuchs erlaubt es ihnen, auch nach 14 Uhr genügend Sonne abzubekommen. Für andere Pflanzen, darunter z. B. Gurken oder Salate, ist es im Sommer gar nicht so schlimm, etwas weniger Sonne abzubekommen.

Beet ist nicht gleich Beet und die wichtigste Unterscheidung ist, ob es (Gemüse-)Beete sind, in die nur einjährige Kulturen hineinkommen, oder solche mit mehrjährigen Kulturen. Klar, es gibt auch Mischformen, in denen beides wächst, aber im Großen und Ganzen empfiehlt sich die Aufteilung in ein- oder mehrjährig.

Dann gibt es noch Kräuterbeete, Hochbeete, Frühbeete, Beete im Folientunnel/Gewächshaus, Tomatendächer, Blumenbeete und sogar den Komposthaufen. Ja, auch ihn kannst du als Beet bezeichnen, wenn du darauf z. B. Kürbisse pflanzt. Du würdest gerne einmal Sonderformen wie das Hügelbeet oder ein Holzhackschnitzel-Beet ausprobieren? Dann zeichne auch das in deinem Plan ein.

Bleibt noch eine Art Beet, die gerne vergessen und eigentlich auch nicht als solches angesehen wird, obwohl es ungemein wichtig ist: das „Rohstoff"-Beet. Denn wenn du im Sommer mulchen oder Pflanzenjauchen ansetzen willst, brauchst du schließlich das entsprechende Ausgangsmaterial dafür. Selbst anbauen ist auch hier die beste Lösung und bringt dich einen Schritt weiter in Richtung Selbstversorgung. Ich habe in meinem Garten diverse Stellen, wo Brennnesseln, Beinwell und eine ganze Reihe anderer Wildpflanzen wachsen

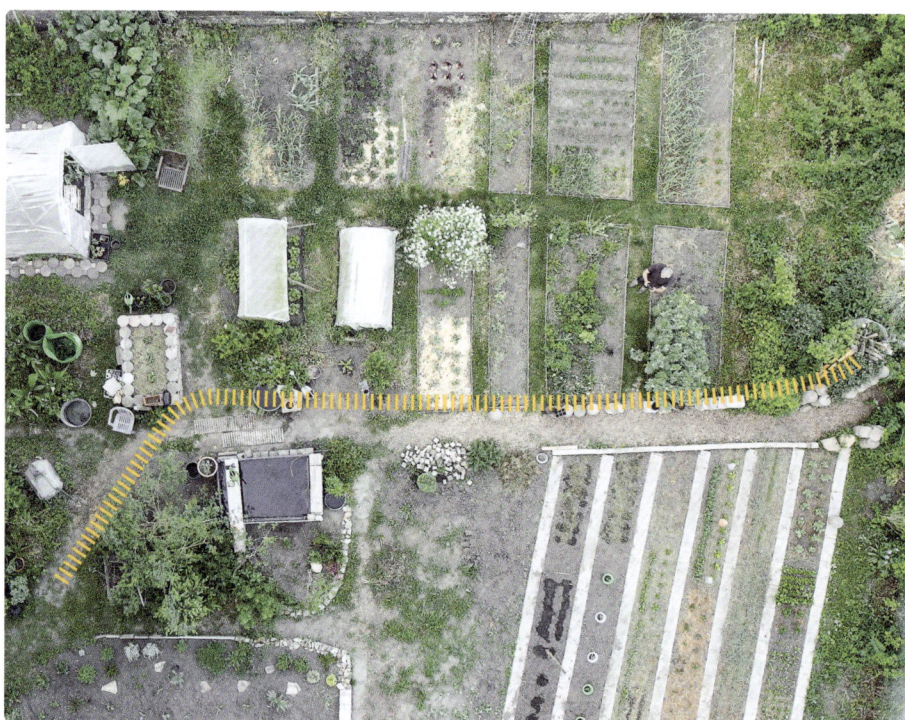

dürfen. Praktischerweise fühlen diese sich auch da wohl, wo es dem Gemüse schon zu dunkel ist. Falls du genug Platz hast, solltest du so eine Fläche also unbedingt einplanen.

Du weißt an diesem Punkt also schon ungefähr, wo auf deiner Gartenfläche du welche Beete am besten anlegen kannst. Deine nächste Aufgabe ist, dir zu überlegen, welche Elemente es abgesehen von den Beeten in deinem Garten geben soll. Wege spielen hier eine zentrale Rolle, aber auch Wasserstelle(n), Sitzecke, Geräteschuppen, Gartenhaus und alles, was du dir sonst noch wünschst, sollte auf deinem Plan seinen Platz finden. Denn das gut durchdachte Zusammenspiel v. a. von Beeten, Wegen, Wasserstelle(n) und Komposthaufen entscheidet jetzt schon darüber, wie arbeitssparend dein Garten sein wird.

Wenn du die Möglichkeit hast, plane die Wasserstelle so zentral wie möglich ein – vor allem, wenn du Gießkannen schleppen musst. Hast du einen Wasseranschluss an der entlegensten Ecke des Gartens? Dann ist es sinnvoll, eine zweite Entnahmestelle an einer günstigeren Stelle zu bauen. Im Idealfall hast du mehrerer Wassersammelstellen über den gesamten Garten verteilt.

Bei den Wegen unterscheide ich zwischen Hauptwegen (die beim Eingang beginnen und alle wichtigen Elemente des Gartens verbinden), Nebenwegen und den Wegen zwischen den Beeten. Die Hauptwege sollten so breit sein, dass du darauf alles gut transportieren kannst – vom Holz für dein Gartenhaus bis

Die Laufwege in meinem Garten habe ich verhältnismäßig kurz gehalten. Ja, das ist nur eine Kleinigkeit, und doch spare ich so Zeit.

Im besten Fall sind deine Beete so breit, dass du sie bearbeiten kannst, ohne einen Fuß hineinzusetzen. Mit 2 m ist dieses Beet noch etwas zu breit.

zum 1000-l-IBC-Container. Nebenwege müssen bei mir mindestens breit genug für Schubkarren sein. Die Wege zwischen den Beeten sind besonders wichtig: Richtig angelegt, ersparen sie dir viel Arbeit und Zeit.

Klar ist: Das gesamte „Wegenetz" in deinem Garten solltest du mit dem Ziel anlegen, Laufwege kurz zu halten. Wenn du z. B. im Sommer durch die Beete gehst und Beikräuter entfernst, die auf den Kompost sollen, freust du dich über kleinere Sammelstellen zwischendurch.

Bei der Planung denkst du jetzt vielleicht: „Ist doch egal, ob ein Arbeitsweg 10 oder 20 m lang ist." Theoretisch ja, aber glaub mir: In der Praxis passiert es sehr oft, dass du in der arbeitsintensiven Zeit nicht mehr hinterherkommst und wichtige Arbeiten liegen bleiben. Dann ist jeder Meter, den du dir sparst, viel wert.

Deine Gartenskizze steht? Super, dann nur noch ein ganz heißer Tipp: Schlaf mindestens eine Nacht über deinen Plan, bevor du beginnst, ihn in die Tat umzusetzen. Und noch wichtiger, sprich mit anderen darüber, denn oft finden Außenstehende noch einige Dinge, die du besser machen kannst. Wenn du dann nach gründlicher Überlegung endlich ganz sicher bist, wie der Garten deiner Träume aussehen soll, wenn deine Arbeitsutensilien bereitstehen und sogar das Wetter mitspielt – dann geht's endlich los.

Aber wo genau packst du zuerst an? Nun ja, der beste Ausgangspunkt hängt immer vom jeweiligen Ist-Zustand ab. In der Regel bietet es sich aber an, zumindest einmal die (Haupt-)Wege anzulegen. So kannst du bequem das benötigte Material durch deinen Garten transportieren. Sehr hilfreich ist es, die verschiedenen Elemente, die entstehen sollen, mit einer Schnur abzustecken. So bekommst du nochmal ein ganz anderes Gefühl von den tatsächlichen Dimensionen.

Übrigens: Es spielt im Grunde keine Rolle, ob du erst eine Aufgabe abhakst, bevor du die nächste angehst, auch wenn das viele Menschen – vorbildlich – so machen. Ich gehöre definitiv nicht zu diesen Menschen, aber das hat wiederum gewisse Vorteile. Denn ja, vielleicht schaffe ich so am ersten Tag nur 1 Beet und 2 Wege, aber gleichzeitig verlege ich schon den Schlauch zur Wasserstelle oder erledige etwas anderes einfach nebenher. Wenn es dann ernsthaft ans Thema Wasser geht, freue ich mich, dass ich diesen einen Teil schon gemacht habe. Außerdem bilde ich mir ein, dass es für den Körper weitaus angenehmer ist, verschiedene Arbeiten zu verrichten – das ist allerdings Geschmackssache.

Das Beste aus beiden Welten: Arbeits- und zeitsparende Beete

Wie lege ich am besten ein Beet an? Diese Frage stelle ich mir seit vielen Jahren, habe mir viel angeschaut und noch mehr ausprobiert. Aber gehen wir noch einen Schritt zurück: Was macht eigentlich ein Beet zu einem perfekten Beet? Ganz einfach, so ein Beet spart dir Arbeit, Zeit und Wasser.

75 cm breite Beete
sind perfekt mit
meiner Broadfork
kompatibel.

Diese Kombination ist besonders in den arbeitsreichen Monaten ausschlaggebend, denn in dieser intensiven Zeit kann ein ungünstig angelegtes Beet dazu führen, dass du wichtige Pflegearbeiten vernachlässigst. Ein erster großer Punkt ist die Beetbreite. Sie sollte so gewählt sein, dass du das Beet von beiden Seiten bequem „bedienen" kannst. Sei es bei der Bodenbearbeitung, der Aussaat, Pflanzungen, Pflege und Ernte – im Idealfall musst du es fast nie betreten.

Ich habe mich bei der Beetbreite von dem Maß inspirieren lassen, das im Market Gardening (siehe S. 9) sehr verbreitet ist: 75 cm. Diese Breite erfüllt die oben genannten Anforderungen sehr gut, hat aber noch einen Vorteil: Eine 60 cm breite Doppelgrabegabel erlaubt eine superschnelle Bearbeitung. Falls du dich jetzt fragst, was es mit den fehlenden 15 cm auf sich hat: Setzt du die Broadfork mittig an, werden die jeweils 7,5 cm an beiden Seiten mit gelockert, die Wege aber nicht mit angehoben.

Wo wir gerade beim Thema sind: Die Wege sind übrigens fast so wichtig wie die Beete. Früher dachte ich, Wege seien Platzverschwendung, schließlich heißt jeder Weg automatisch weniger Beetfläche. Also waren meine ersten Beete 2 m breit, die nächsten 1,6 m. Die Wege bestanden aus Gras und Klee. Beides ist dann ständig in die Beete gewachsen, was unglaublich viel Arbeit mit sich führte. Dann habe ich Beetumrandungen aus Holz gebaut, was zwar schon besser war, aber immer noch viel Arbeit machte.

Im Market Gardening werden Wege meistens nur festgetrampelt und vielleicht noch mit Mulch oder Stroh bestreut. Nicht schlecht, aber auch dies bedeutet jährliche Arbeit. Ich beschloss, einen Schritt weiter zu gehen und Steinplatten mit einer Breite von 20 cm zu kaufen, die ich dann einfach auf den vorher festgetrampelten Boden gelegt und ausgerichtet habe – ohne Zementfundament, ohne Kies, ohne Sand. Ja, diese Herangehensweise lässt perfektionistisch veranlagten Menschen vermutlich die Haare zu Berge stehen. Aber ich kann nur sagen: Die Steinplatten waren bisher eine der besten Investitionen in meinem Gemüsegarten.

Auch der Ansatz, sie einfach so auszulegen, hat sich bewährt. Denn dadurch entsteht einmal der Vorteil, dass du die Wege einfach wieder „abbauen" kannst, aber es gibt noch einen viel wichtigeren: Wenn es regnet, wird die Erde unter den Steinplatten feucht, kann aber kaum verdunsten. Dies ist ein natürlicher Wasserspeicher, der sich im Sommer bezahlt macht. Ich konnte am Ende des Sommers feststellen, dass die Pflanzen ihre Wurzeln zum Teil in Richtung der Wege ausrichten. Mit einem Fundament wäre dies nicht möglich.

Die Steinplatten
zwischen meinen Beeten
funktionieren als simpler,
aber sehr effektiver
Wasserspeicher.

Aber kommen wir noch einmal zurück zum Thema Beetbreite: Da ich nun fast alle meine Beete auf die einheitliche Breite von 75 cm ausgelegt habe, kann ich viele Arbeitsschritte und Hilfsmittel daran anpassen. Gemüseschutznetze und Bögen in der richtigen Breite, die Broadfork für die Bodenbearbeitung, Mulchvlies und so weiter erlauben es, wiederkehrende Arbeitsabläufe sehr schnell durchzuführen. Das spart nicht nur Zeit, sondern auch Geld, denn so kannst du von vornherein gezielt die richtige Menge Material einkaufen.

Das Ziel der Bepflanzung ist wie immer eine gute Raumausbeute, aber gleichzeitig sollen die Pflanzen nicht in die Wege wachsen. Hier habe ich viele Versuche gemacht und bin zu folgenden Ergebnissen gekommen:

Anzahl der Pflanzen auf 75 cm

1 Pflanze	Zucchini, Tomaten, Gurken, Stangenbohnen
2 Pflanzen	Kohl, Kartoffeln, Erbsen, Buschbohnen, Pastinaken, Dicke Bohnen, Mais, Paprika, Chili, Auberginen
3 Pflanzen	Kopfsalate, Knoblauch, Zwiebeln, Lauchzwiebeln, Rote Bete, Karotten, Spinat, Postelein
4 Pflanzen	Radieschen, Feldsalat

Natürlich kannst du die Reihen nahezu beliebig mischen. Ich habe gute Erfahrungen mit folgenden Kombinationen gemacht:
— 1 Reihe einjähriges Bohnenkraut neben 1 Reihe Buschbohnen
— 1 Reihe Karotten, Erbsen und Kartoffeln
— 2 Reihen Karotten, 1 Reihe Radieschen
— 2 Reihen Lauch, dazwischen Salate
— 1 Reihe Fenchel, 1 Reihe Rote Bete
— 1 Reihe Rote Bete, 1 Reihe Paprika
— 1 Reihe Chili oder Paprika, 1 Reihe Tomaten

Achtung: Kombiniere besser keine Pflanzen, die ranken (z. B. Gurken oder Kürbisse) oder riesengroß werden (z. B. Zucchini), mit anderen Pflanzen, da diese einfach überragt würden und nicht genug Licht bekämen. Und noch ein Stichwort zum Thema Kombination: Wie im Kapitel über Mischkulturen erwähnt (siehe S. 38), setze ich Kohl immer in ein separates Beet, um dieses komplett mit einem Gemüseschutznetz zu schützen. (Ansonsten müsste ich jedes andere Beet, in dem nur einige wenige Kohlköpfe sind, ebenfalls so bedecken.) Das erleichtert auch die Fruchtfolge-Planung enorm.

Der Beetplan: Wer neben wem, wann und wo?

Geschafft: Du hast wunderschöne neue Beete angelegt, die nur darauf warten, bepflanzt zu werden. An dieser Stelle könntest du jetzt einfach mal herumexperimentieren und willkürlich alles Mögliche einpflanzen. Oder, wie man es auch nennen könnte: wertvolle eigene Erfahrungen sammeln ... Damit meine ich natürlich Fehler und Misserfolge. Versteh mich nicht falsch, im Garten wird sicher nicht immer alles glatt laufen – aber keine Sorge, das ist völlig in Ordnung und mir ist noch niemand begegnet, bei dem alles immer glatt lief.

Die beste Vorsorge ist dein Beetplan. In diesen Plan schreibst du, wie der Name schon sagt, was du wann in welches Beet säen oder pflanzen möchtest. Also zum Beispiel:

Beet 1 → März: Karotten, Spinat, Radieschen, Kopfsalat
Beet 1 → Juni: Kartoffeln
Beet 1 → November: Feldsalat
Beet 2 → seit Oktober im Vorjahr: Knoblauch
Beet 2 → Juli: Winterkohl (Grünkohl, Palmkohl, Rosenkohl)

Hier solltest du wichtige Aspekte wie Fruchtfolgen und Mischkulturen beachten – mehr dazu gleich. Für mich gibt es aber einen noch wesentlich wichtigeren Punkt: Was möchte ich unbedingt anbauen und wieviel davon? Tatsache ist, dass ich im Supermarkt fast ganzjährig heimische Karotten oder Kartoffeln in Bio-Qualität erhalte. Sicher schmecken frische, selbst geerntete Karotten noch einmal besser als gekaufte. Aber da ich wie alle anderen nur eine

Dein erster Beetplan muss nicht perfekt sein. Wichtig ist nur, dass du dir genug Zeit dafür nimmst und alles gut durchdenkst.

Ernten geht nur im
Sommer? Von wegen.

begrenzte Beetfläche zur Verfügung habe, baue ich lieber Dinge an, die ich in dieser Qualität nicht so einfach kaufen kann – zum Beispiel Tomaten oder Salate. Ich kenne aber auch eine Hobbygärtnerin, die es sich nicht nehmen lässt, jedes Jahr 30 verschiedene Sorten Kartoffeln in ihrem Garten anzubauen, da sie totaler Kartoffel-Fan ist. Genau das ist ja das Schöne: Du kannst deinen Garten perfekt an deine Gemüse-Vorlieben anpassen.

Bevor du den eigentlichen Plan anlegst, bietet es sich also an, erst einmal alles aufzuschreiben, was du in der kommenden Saison anbauen möchtest. Zuerst werden auf deiner Liste wahrscheinlich nur allgemeine Kulturnamen wie Brokkoli, Tomaten oder Salat stehen. Später ist es dann sinnvoll, direkt die Sorten zu notieren. Die Planung auf Sortenebene ist nicht unwichtig, da sich mit der Zeit zeigen wird, dass sich einige Sorten (noch) besser als andere in deinem Garten anbauen lassen, dir besonders gut schmecken, sehr ertragreich sind und in bestimmten Monaten am besten wachsen.

Wie du in dem Beispiel oben schon sehen kannst, plane ich meine Beete ganzjährig. Jeden Monat etwas ernten zu können, ist mir sehr wichtig und es gibt nichts Schöneres, als sich auch in den kalten Monaten mit frischem Gemüse aus dem eigenen Garten versorgen zu können. Natürlich kannst du deinen Plan ebenfalls für das ganze Jahr anlegen, aber für den Anfang reicht es sicherlich, wenn du nur vom Frühjahr bis in den Herbst planst. Ich möchte dir an dieser Stelle aber nicht verschweigen, dass sich ein Beetplan in der Praxis meistens nicht so einhalten lässt wie erwartet: Einige Pflanzen werden früher geerntet, andere brauchen sehr viel länger bis zur Ernte als gedacht. Dann musst du abwägen, ob es für die geplanten Folgekulturen nicht schon zu spät ist und gegebenenfalls etwas anderes aussäen. Doch wie gesagt: All das gehört zur Garten-Erfahrung dazu.

Wie gerade erwähnt, spielen beim Beetplan u. a. Fruchtfolgen und Mischkulturen eine große Rolle – sehen wir uns das also etwas näher an. Wohlgemerkt soll es aber nicht um allgemeingültige Handlungsempfehlungen gehen, sondern eher darum, dass du die ganze Sache besser einschätzen kannst. Denn auf diese beiden Punkte zu achten, ist zwar wichtig und sinnvoll – würdest du allerdings jede Regel befolgen, die irgendwann einmal irgendjemand über Mischkulturen aufgestellt hat, würde dich das schnell ausbremsen.

Immer der Reihe nach: Fruchtfolgen

Als Fruchtfolge wird die Abfolge der verschiedenen Kulturen in einem Beet bezeichnet. Manche Kulturen kannst du sehr gut nacheinander anbauen, bei anderen solltest du einige Jahre damit warten. Und selbst in meinem kleinen Garten ist es mir sehr wichtig, diese Fruchtfolgen einzuhalten.

Der Hintergrund: Oft ist es problematisch, Mitglieder derselben Pflanzenfamilie nacheinander bzw. ohne längere Anbaupausen auf dasselbe Beet zu pflanzen. Die Gründe dafür liegen teilweise in der ähnlichen Beanspruchung des Bodens, aber auch darin, dass sich ohne einen gelegentlichen Fruchtwechsel Krankheiten etc. schneller ausbreiten können. Salate oder Tomaten kannst du einige Male auf denselben Standort setzen, bevor du diesen wechselst; Kohl oder Lauchgewächse sollten mindestens 3 Jahre nicht im selben Beet stehen. Brokkoli auf Blumenkohl funktioniert genauso wenig wie Knoblauch auf Zwiebeln. Hier spielt es keine Rolle, ob dazwischen andere Kulturen standen. Wenn du ganz auf Nummer sicher gehen möchtest, recherchiere, zu welcher Familie welche Pflanze gehört.

Einige Pflanzen profitieren von ihren Beetvorgängern. Bohnen oder Erbsen binden beispielsweise durch die Symbiose mit Knöllchenbakterien Stickstoff im Boden. Schneidest du die Bohnenpflanzen nach dem Abernten ab, sodass die Wurzeln im Boden bleiben, steht der Stickstoff nachfolgenden Kulturen zur Verfügung. Wie bereits gesagt, ist es fast unmöglich, jeder jemals aufgestellten Fruchtfolge-Regel zu folgen. Ich halte mich deshalb in erster Linie an folgende Grundsätze, die sich – jedenfalls in meinem Garten – eindeutig bewährt haben:

— Es braucht Anbaupausen von mindestens 3 Jahren bei Kohlgewächsen, Lauchgewächsen, Mais und Petersilie.
— Setze keinen Starkzehrer auf einen Starkzehrer.

Um Regel Nummer 2 kurz zu erklären: Es gibt Stark-, Mittel- und Schwachzehrer. Diese Begrifflichkeiten beschreiben, wie viele Nährstoffe eine Pflanze benötigt, um gute Erträge zu bringen. Starkzehrer benötigen entsprechend viele Nährstoffe, was auf Dauer den Boden auslaugen kann, wenn du nicht dagegen arbeitest. Entsprechend ist es ratsam, nach einem Starkzehrer einen Schwachzehrer wie Salat zu pflanzen.

Da du bestimmt keine langen Listen auswendig lernen möchtest, welche Pflanze zu welcher „Zehrergruppe" gehört, hier eine Faustregel: Pflanzen, die in einem Jahr viel organische Masse (Blätter, Stiele, Ranken, Früchte) bilden, gehören meistens zu den Starkzehrern. Dies sind unter anderem Tomaten, Gurken, Kohl, Zucchini, Kürbis, Mais und Melonen. Stangenbohnen bilden zwar auch sehr viel Blattmasse, aber versorgen sich, wie eben erwähnt, ja schon sehr gut selbst.

Von (fast) allem etwas: Mischkulturen

Einige Pflanzen kannst du ohne Probleme nebeneinandersetzen – andere nicht. Ob Pflanzen gute oder schlechte „Beetnachbarn" sind, wie Mischkulturen auch genannt werden, ist nicht immer einfach zu erkennen. Aber auch hier gibt es wieder eine Menge Regeln und Empfehlungen. Viele dieser Mischkulturregeln hören sich sehr gut an: „Setze Pflanze Nummer 1 neben Pflanze Nummer 2 und sie werden sich gegenseitig unterstützen, unwillkommene Insekten werden abgehalten und du wirst wesentlich mehr ernten." Wer möchte das nicht glauben?

Nun ja: Die Praxis sieht so aus, dass viele „Mischkulturregeln" nicht so gut funktionieren wie versprochen. Es spielen einfach zu viele Faktoren eine Rolle, und was in einem Jahr noch sehr gut funktioniert hat, klappt im nächsten Jahr manchmal gar nicht mehr. Nur ein Beispiel: Die Mischkultur von Karotten und Zwiebeln hat sicherlich positive Eigenschaften, aber dass die Karotte die Zwiebelfliege und umgekehrt die Zwiebel die Karottenfliege komplett fernhält, kann ich nicht bestätigen.

Versteh mich bitte nicht falsch – Mischkulturen sind eine super Sache und ich versuche immer, verschiedene Pflanzen in ein Beet direkt neben- oder zwischeneinander zu pflanzen, allein schon, um den Raum optimal auszunutzen. Wichtig ist nur, dass du mit realistischen Vorstellungen an Mischkulturen gehst und sie nicht als das Mittel gegen alle Widrigkeiten siehst. In diesem Sinne hier einige Mischkultur-Empfehlungen:

— Pflanzen, die sehr schnell sehr groß werden, sollten nicht vor Pflanzen stehen, die nur langsam wachsen. Letztere würden sonst bei weitem nicht genug Licht bekommen.
— Ein positives Beispiel für eine erfolgreiche Mischkultur ist die Kombination aus Mais, Stangenbohnen und Kürbissen. Die Stangenbohnen wachsen am Mais hoch und der Kürbis breitet sich auf dem Boden aus. So wird der Platz optimal genutzt.
— Pflanzen können als lebender Mulch dienen, der die Erde bedeckt. Den Platz unter den Tomaten vergebe ich gerne an Melonen, Neuseeländer Spinat oder Basilikum.

(Roter) Basilikum wie hier im Bild, ist ein guter Mischkultur-Partner für Tomaten.

Sehr häufig wird empfohlen, Mitglieder derselben Pflanzenfamilie nicht nebeneinander zu setzen. Dies macht meistens Sinn, wenn du die Möglichkeit hast, etwas anderes dazwischen zu pflanzen – so wird der Boden nicht zu einseitig beansprucht. In manchen Fällen platziere ich jedoch bewusst verwandte Pflanzen nebeneinander, wie zum Beispiel verschiedene Kohlarten. Diese setze ich in ein Beet und kann sie zusammen mit einem einzigen Gemüseschutznetz abdecken, um sie vor den gefräßigen Raupen des Kohlweißlings zu schützen.

Da es sehr viele Empfehlungen für Mischkulturen gibt, kann ich auch hier nur raten, eigene Erfahrungen zu sammeln und Pflanzkombinationen einfach mal auszuprobieren. Aber: Eine Regel ist es erst, wenn sie sich immer und immer wieder bewahrheitet.

Jetzt schon einplanen: Mulchen

Mulchen, also das Abdecken der Erde mit organischem Material oder speziellen Mulchfolien, ist besonders durch die trockenen Sommer mittlerweile unerlässlich geworden. Was bringt's? Im Wesentlichen bewirkt Mulch Folgendes: Zum einen fütterst du damit den Boden immer weiter mit Nährstoffen, wovon das Bodenleben profitiert. Zum anderen schützt du den Boden vor dem Austrocknen, da Wasser nicht so schnell über die Oberfläche verdunsten kann. Ebenfalls nicht zu unterschätzen ist, dass eine Mulchschicht einige Beikräuter daran hindert, zu keimen.

Sieht ein gemulchter Garten immer „ordentlich" aus? Nein, sicher nicht. Aber der Boden profitiert ungemein von dem Mulchmaterial, und das ist die Hauptsache.

Eins vorweg: Wenn du mulchen willst, verabschiede dich von dem Gedanken, dass ein Garten ordentlich aussehen muss – ordentlich in dem Sinne, dass zwischen den Pflanzen Erde zu sehen ist.

Um mulchen zu können, brauchst du natürlich das entsprechende organische Material. Das kann trockener Rasenschnitt (ohne Samen von Gänseblümchen und Co.) sein, oder auch Brennnesselschnitt, Beinwell und fast alles, was sonst so anfällt. Im Herbst werden Beete oft mit Blättern von Laubbäumen abgedeckt. Achtung: Nimm nur bitte keine Walnussblätter, denn diese enthalten den Stoff Juglon, der eine keimhemmende Wirkung auf gewisse andere Pflanzen hat. Generell gilt: Wenn du deinen eigenen Mulch ernten möchtest, plane dies schon früh ein.

Apropos eigener Mulch: Vielleicht hast du jetzt schon die Frage im Kopf, woher du das ganze Material nehmen sollst. Denn streng genommen brauchst du für 100 m² Beetfläche, die du mulchen willst, noch einmal mindestens 100 m², wo Brennnesseln und Co. wachsen. Dieses Material kannst du letztlich mähen oder absensen, um es auf den Beeten zu verteilen. Die Frage ist nur: Bist du bereit, so viel deiner wertvollen Fläche dafür zu verwenden?

Falls nicht, gibt es natürlich alternativ die Möglichkeit, das Material von Flächen außerhalb deines Gartens zu entnehmen. Hast du Nachbarn, die viel Rasenfläche haben und bereit sind, dir in Sachen Mulchmaterial auszuhelfen? Sehr praktisch, allerdings solltest du in dem Fall auf ein paar Dinge achten, bevor du den Rasenschnitt als Mulch annimmst. Die da wären: Wird die Rasenfläche gedüngt und falls ja, womit? Ist dieser Dünger auch für den Gemüseanbau geeignet? Werden andere Substanzen verwendet, um zum Beispiel Moos zu entfernen? Wird der Rasen so oft gemäht, dass sich keine keimfähigen Grassamen gebildet haben können?

Wenn du mit Grasschnitt mulchst, informiere dich vorab genau, ob oder inwiefern der Rasen behandelt wurde.

Ebenfalls beliebt ist Stroh oder Heu – beides kannst du im Landhandel oder bei der nächsten Landwirtschaft kaufen. Hierbei geht es mir schon fast wie bei Lebensmitteln: Ich möchte wissen, wo das Material herkommt. Hätte ich einen landwirtschaftlichen Betrieb in der Nachbarschaft, von dem ich Heu oder Stroh mit der Garantie kaufen könnte, dass dies zu keiner Zeit gespritzt wurde und auch nicht unbedingt direkt neben einer Straße stand – ich würde sofort zuschlagen. Dass Herbizid-Rückstände in Stroh reale, negative Einflüsse im privaten Nutzgarten haben, wurde mir schon aus mehreren Quellen berichtet. Vor allem Bohnen gehen schnell ein, da sie auf gewisse Stoffe sehr empfindlich reagieren. Leider habe ich noch keinen Betrieb gefunden, der genau das bietet. Vielleicht hast du ja mehr Glück. Wenn ich also wirklich Mulchmaterial zukaufen muss, greife ich auf Bio-Heu zurück – am liebsten auf besonders trockenes Heu (siehe unten).

Grundsätzlich versuche ich aber, soviel Mulchmaterial wie möglich im eigenen Garten anzubauen und zu verwenden. Auch wenn die Idee eines geschlossenen Kreislaufs, dem nichts von außen hinzugefügt wird, auf so kleinem Raum nicht einfach umzusetzen ist: Noch nicht blühendes Beikraut, Erntereste o. Ä. sind immer eine leicht zugängliche Option. Sobald du jedenfalls das Material beschafft hast, kann es losgehen – hier noch ein paar allgemeine Praxistipps:

— Mulchmaterial sollte trocken sein. Legst du eine dicke, feuchte Schicht Rasenschnitt auf das Beet, kommt es zu aeroben Zersetzungsprozessen. Dies kann dazu führen, dass der pH-Wert des Bodens sinkt, er also sauer wird.

— Ich lege im Frühjahr erst neuen Mulch auf die Beete, wenn der Boden sich erwärmt hat. Der dunkle Boden erwärmt sich schneller, wenn er nicht abgedeckt ist und du kannst früher aussäen.

— Auch wenn es eigentlich logisch sein sollte, der beste Ablauf ist: säen und warten, bis die Saat keimt – und dann erst mulchen.

— Die Mulchschicht darf bei Regen keine klebrige Masse werden, die den Boden versiegelt. Trage also lieber erst einmal etwas weniger auf und mulche bei Bedarf nochmal.

Mulchen ist eine sehr praktische Sache – wenn man es richtig angeht.

Mulchfolien

Um den Boden abzudecken, werden in vielen Gärtnereien gerne Mulchfolien verwendet, auch bekannt als Bändchengewebe. Dies ist ein gewobener Kunststoff (meistens Polypropylen, abgekürzt PP), der auf den Boden gelegt wird. Da, wo die Pflanzen wie z. B. Tomaten, Erdbeeren, Kohl oder Salate hinkommen, werden Löcher in das Gewebe gebrannt. Durch das Gewebe kommt nur wenig Licht, aber Wasser und Nährstoffe gelangen problemlos hindurch. Ein qualitativ hochwertiges Bändchengewebe hält viele Jahre lang, bevor es entsorgt werden muss.

An dieser Stelle könnte man sich natürlich fragen, was denn Kunststoff im Hausgarten zu suchen hat. Dazu sei gesagt: Viele Menschen schaffen es körperlich und zeitlich einfach nicht, Beikrautbekämpfung und Bewässerung laufend eigenhändig zu erledigen – und es sollte niemandem zum Vorwurf gemacht werden, dass das Bändchengewebe diesen Aufwand deutlich verringern kann. Alternativ gibt es Mulchgewebe aus PLA (Polymilchsäure). Dabei handelt es sich zwar ebenfalls um Kunststoffe, diese werden aber aus nachwachsenden Rohstoffen hergestellt. Völlig kunststofffrei sind wiederum Vliese aus Kokosfasern, Hanffasern oder sogar Schafwolle. Diese sind hochpreisig und halten nur eine Saison. Unterm Strich musst du ganz für dich entscheiden, was für dich aus ökologischer Sicht in Ordnung ist und was ein totales No-Go.

Bändchengewebe oder Mulchvlies ist natürlich kein Muss, aber mitunter sehr hilfreich.

Hochstapeln oder nicht? Klassische Beete vs. Hochbeete

Wie schon gesagt: Beet ist nicht gleich Beet. Wenn du eine Gartenfläche hast, stehst du also (unter anderem) vor der Entscheidung, ob du normale Beete oder Hochbeete anlegen willst. Schließlich gibt es einige, die auf das Gärtnern mit Hochbeeten schwören – aber genauso haben „normale" Erdbeete ihre Vorteile.

Vielleicht hilft es dir ein wenig bei der Auswahl, wenn wir diese Frage mal am Beispiel meines Gartens durchgehen. Hätte ich die Fläche meiner Beete in Hochbeeten angelegt, wäre dies unglaublich teuer geworden – zum einen in der Anschaffung, zum anderen in der Befüllung. Ein neues Hochbeet bietet dir die Möglichkeit, viele Grünabfälle darin zu versenken, von kleinen Baumstämmen über Laub bis zu Heckenschnitt. Stehen diese Materialien allerdings nicht zur Verfügung, musst du sie im schlimmsten Fall kaufen.

Als nächstes ist da der Faktor Zeit: Die Bodenbearbeitung im Frühjahr ist bei mir inzwischen bei den normalen Beeten mit der Broadfork sehr schnell erledigt. Bei Hochbeeten kann ich nur mit den Armen arbeiten und muss mir Gedanken machen, wo ich wie viel Erde nachfüllen sollte. Je nach Größe und Art der Befüllung erfordert ein Hochbeet im Sommer zudem mehr Gießaufwand.

Versteh mich nicht falsch, ich habe selbst einige Hochbeete, mit denen ich gerne arbeite – aber für mich sind sie immer nur eine Ergänzung zu normalen Beeten. Solltest du jedoch einen sehr schlechten oder sogar belasteten Boden haben, dich wegen Rückenbeschwerden nicht bücken oder aus anderen Gründen keine Erdbeete anlegen können, sind Hochbeete eine super Alternative.

Mein Fazit: Wenn du einen normalen Gartenboden zur Verfügung hast, ist es meistens die bessere und günstigere Lösung, direkt darin Beete anzulegen. Eine Kombination mit Hochbeeten ist eine gute Sache, da du hier (z. B. mit Wühlmausgittern) die Ernte noch einmal besser schützen kannst.

Aus welchem Material soll das Hochbeet sein?

Holz, Stein, Metall und Kunststoff: Hochbeete gibt es in vielen verschiedenen Ausführungen. Wenn du dein Hochbeet selbst bauen willst, geht das am einfachsten mit Holz und Stein.

Holz als Material ist einigermaßen günstig zu bekommen, alte Paletten sind oft sogar kostenlos. Viele Firmen erhalten Waren auf Holz-Einwegpaletten und würden sie anschließend ohnehin entsorgen – z. B. in Kleinanzeigen findest du vielleicht genauso eine Möglichkeit, an diese Paletten zu kommen. Der offensichtliche Nachteil von Holz ist, dass es mit der Zeit verrottet oder immer wieder bearbeitet werden muss, um das zu verhindern. Damit die Erde im Hochbeet nicht direkt das Holz berührt, wird hier gerne Noppenbahnfolie genutzt.

Hochbeete sind eine gute Ergänzung zu Erdbeeten.

Ziegelsteine eignen sich als Ausgangsmaterial für Hochbeete sehr gut.

Steinhochbeete finde ich persönlich am schönsten und wer in einer „steinrei-chen" Gegend wohnt, wird keine Probleme haben, schnell an passende Natur-steine zu gelangen. Genauso erfüllen Ziegelsteine, die vielleicht vom Hausbau übrig sind, ihren Zweck. Auch hier kann dir ein Blick in die Kleinanzeigen hel-fen, sehr günstig an Material zu kommen.

Sobald du das Ausgangsmaterial hast, stellt sich als nächstes die Frage, ob es besser ist, die Steine einfach aufzuschichten oder mit Mörtel zu arbeiten. Was ist dabei der große Unterschied? Nun ja: Eine geschichtete Trockenmauer bietet vielen Tieren einen Lebensraum, aber damit die Konstruktion hält, müs-sen die Wände viel dicker sein als bei gemauerten Steinen.

Eine Alternative sind Hochbeete aus Metall, wie man sie in den letzten Jah-ren immer häufiger sieht. Solche Hochbeete bestehen zum Teil aus beschichte-tem Metall oder aus einem Spezialstahl, der Edelrost ansetzt, aber sehr lange haltbar ist. Sie sind recht hochpreisig, aber wenn das für dich kein Thema ist und dir die Rostoptik gefällt, spricht nichts gegen Hochbeete aus Metall.

Bleibt noch Variante 3: Hochbeete aus Kunststoff, z. B. für den Fall, dass du nur einen Balkon hast und das Beet-Gewicht im Blick behalten musst. Denn ein Hochbeet mitsamt Füllung kann sehr schwer werden – im Zweifelsfall soll-test du prüfen, wie hoch die Traglast deines Balkons ist. Gewicht und Füllung kannst du zudem generell sehr gut mit sogenannten Kisten- oder Tischhoch-beeten einsparen, bei denen nur im oberen Bereich Erde eingefüllt wird. Es handelt sich praktisch um Pflanzwannen mit „Tischbeinen". Ich habe mir so ein Exemplar aus Holz gebaut und freue mich über den Stauraum unter dem Beet.

In diesem Hochbeet in meinem Garten wächst z. B. Yacón.

Vor- und Nachteile im Überblick

Du bist noch unsicher, ob du lieber auf Hoch- oder Erdbeete setzen willst bzw. solltest? Vielleicht hilft dir eine Gegenüberstellung weiter – im Anschluss siehst du auf einen Blick, was für bzw. gegen die jeweilige Variante spricht.

Hochbeet
- ⊕ sehr angenehmes Arbeiten ohne Bücken
- ⊕ die einzige Möglichkeit zu gärtnern, wenn der Boden sehr schlecht, belastet oder betoniert ist
- ⊕ einfacher Ernteschutz, z. B. durch ein Wühlmausgitter
- ⊕ lässt sich mit passendem Aufsatz in ein Frühbeet umbauen
- ⊖ Kosten bei der Anschaffung und der Befüllung
- ⊖ teilweise hohe Preise für spezielle Hochbeet-Erden
- ⊖ regelmäßiges Nachfüllen nötig

Erdbeet
- ⊕ keine Anschaffungskosten
- ⊕ mehr Anbaufläche
- ⊕ mehr Volumen für Wasser und Nährstoffe
- ⊖ Bodenbearbeitung kann etwas mehr Kraft kosten

12 Monate ernten im Hochbeet

Auch in Hochbeeten ist es möglich, in jedem Monat des Jahres etwas anzubauen und zu ernten. Wenn du dir zu deinem Hochbeet eine Abdeckhaube mit einer Gewächshausfolie baust, ist dies sogar recht einfach.

Hier ein möglicher Anbauplan für Gemüse, mit dem du anfangen kannst, wenn du nur ein einziges Hochbeet besitzt – und entsprechend Prioritäten setzen musst, was den wertvollen Platz beanspruchen darf.

März, April → Vorgezogene Salate und Kohlrabi, ausgesäte Radieschen, Mairüben, Rübstiel und Spinat haben eine kurze Kulturzeit und du kannst sie bis Mitte Mai ernten. Wenn vorher schon Platz ist, sind auch Rote Beten dankbare Bewohner.

Mai → Ab Mitte Mai können Tomaten, Gurken, Paprika und viele andere Pflanzen ins Freiland und somit natürlich auch in dein Hochbeet. Dazwischen finden meistens Salate Platz. Wenn du den Raum schlau nutzen willst, kannst du Gurken und Tomaten so an den Rand pflanzen, dass diese an den Wänden herunterwachsen. Möchtest du Kohl haben, müssen sich die Pflanzen mit den restlichen Bewohnern den Platz teilen. Da eine Brokkolipflanze mit allen

Blättern sehr groß werden kann, musst du entscheiden, ob dir 1 Brokkoli oder 2 Tomatenpflanzen wichtiger sind. Kohlpflanzen würde ich immer nach hinten pflanzen, damit sie nicht die anderen Pflanzen beschatten.

Juni, Juli → Die im Mai gepflanzten Bewohner deines Hochbeets nehmen immer mehr Platz ein und an neue Pflanzen ist jetzt kaum zu denken. Geerntete Salate kannst du immer durch neue ersetzen. Trotzdem: Möchtest du Winterkohl, sollten jetzt anstelle der Salate zum Teil Palmkohl, Grünkohl oder Rosenkohl gepflanzt werden. Möglicherweise werden diese erst einmal von größeren Pflanzen beschattet und wachsen nicht so schnell, was aber nicht so schlimm ist – Hauptsache, sie stehen in der Erde und können Wurzeln bilden.

August, September → Vorgezogener Chinakohl und Pak Choi, Endiviensalat und Radicchio ziehen nun in frei gewordene Plätze ein.

Oktober, November → Wenn die Tomaten und Gurken nur noch wenig tragen, solltest du dir überlegen, diese zu entfernen und lieber Platz für andere Pflanzen zu machen. Die Pflanzen aus den Vormonaten, aber auch Feldsalat und Asiasalate und im November Postelein können jetzt noch ins Hochbeet. Am besten wäre es, wenn du sie schon vorgezogen hast, aber beim Feldsalat ist auch eine Direktsaat möglich. Da es in diesen Monaten schon kühl und gleichzeitig feucht sein kann, laufen kopfbildende Kulturen wie Radicchio, Salate oder Endivien Gefahr, zu faulen. Hier hilft eine Haube, die verhindert, dass der Regen auf das Gemüse gelangt.

Dezember, Januar, Februar → In diesen Monaten säst du eigentlich nichts Neues in die Beete, sondern erntest Wintergemüse wie Feldsalat, Kohl und Asiasalate.

Im Winter kannst du aus deinem Hochbeet z. B. jede Menge Kohl ernten.

DIE SOLARZELLEN DER PFLANZE: PHOTOSYNTHESE

Keine Angst, jetzt kommt keine Auffrischung des Biologieunterrichts der 8. Klasse. Allerdings schadet es an dieser Stelle nicht, sich noch einmal kurz das Grundprinzip der Photosynthese ins Gedächtnis zu rufen.

Denn auch bei der Gartenarbeit wirst du direkt oder indirekt damit konfrontiert: Pflanzen benötigen Licht, um energiereiche Stoffe wie Glucose zu bilden. Blätter kannst du also tatsächlich als eine Art Solarzellen der Pflanzen ansehen. Im Zusammenhang mit Gartenarbeit kann diese Tatsache in vielerlei Hinsicht eine Rolle spielen:

Hast du noch sehr kleine Pflanzen, die vielleicht nur 3 oder 4 Blätter haben, achte darauf, dass jedes Blatt Licht abbekommt. Beim Pflanzen und anschließenden Gießen kann es immer mal vorkommen, dass eins der Blätter mit Erde bedeckt wird. Was bei großen Pflanzen kein Problem ist, bedeutet für ein kleines Exemplar 25 % weniger Fläche, über die Photosynthese betrieben werden kann. Mach dir hier also unbedingt die Mühe und sorge dich um jedes Blättchen.

Blattläuse saugen Pflanzensäfte und geben überschüssige, zuckerreiche Flüssigkeit (Honigtau) über den Hinterleib ab, wodurch die Blätter sehr klebrig aussehen – du hast das bestimmt schon mal entdeckt. Hier können sich nun Rußtaupilze ansiedeln, die einen dichten, dunklen Schimmelrasen bilden und fast das komplette Licht abblocken – was die Photosynthese unmöglich macht.

Viele **Pilze** greifen die Blätter an und sorgen für Nekrosen. Das sind abgestorbene Areale auf einem Blatt, oder es stirbt gleich das ganze Blatt ab. Besonders gut kannst du das bei Mehltau auf Zucchiniblättern sehen. Unternimmst du nichts, hast du bald nur noch vertrocknete Blätter, was das sichere Ende der Pflanze bedeutet.

Beikrautbekämpfung ist ein wichtiges Thema in jedem Garten. Viele dieser im Beet nicht gerne gesehenen Pflanzen wachsen wesent-

lich schneller als unsere Nutzpflanzen und nehmen diesen zu viel Licht weg. Bei langsam wachsenden Kulturen wie Karotten oder Zwiebeln ist das ein besonders großes Problem. Bekommt der Keimling zu wenig Licht, wird eine gute Entwicklung verhindert.

Aber es müssen nicht unbedingt Beikräuter sein, die das Licht stehlen. Auch eine **schlecht durchdachte Mischkultur** kann dafür sorgen, dass die schneller wachsende Nutzpflanze der langsamer wachsenden das Licht raubt. Setzt du zum Beispiel Zucchini zeitgleich in kurzer Distanz mit Kopfsalaten, wird die Zucchini den Salat bald überwuchern. Wenn du aber wiederum den Salat 2 Wochen vor den Zucchini pflanzt und diese dann in die Lücken setzt, kannst du die Salate ernten, bevor die Zucchini zu groß werden.

Umgekehrt kannst du dir das auch zunutze machen, wenn es darum geht, besonders lästige Wurzelbeikräuter zu schwächen. Wurzeln diese – wie z. B. Ackerwinden – so tief, dass ein Ausgraben nicht möglich ist, dann schneide immer wieder die oberirdischen Teile ab, bis das Beikraut so geschwächt ist, dass es eingeht.

WIR SEHEN UNS IM NÄCHSTEN JAHR: DIESES GEMÜSE KANNST DU ÜBERWINTERN

Es tut schon etwas weh, sich im Herbst von all den Pflanzen zu verabschieden, die du über das Jahr so liebevoll großgezogen hast und die dir eine so gute Ernte eingebracht haben. Aber es muss nicht zwingend so ablaufen – wenn du genug Platz im Haus hast, kannst du einige Pflanzen mit ins nächste Jahr bringen, von denen oft angenommen wird, sie seien einjährig.

Bei mir ist es zur Tradition geworden, jedes Jahr 1–2 Tomatenpflanzen zu überwintern. Damit sind natürlich nicht die meterlangen Gewächse gemeint, sondern kleinwüchsige Sorten wie Buschtomaten. Die Voraussetzung dafür sind gesunde Pflanzen: Ich schneide die Tomate im Oktober bodennah ab und lasse sie neue Triebe bilden. Das funktio-

niert recht gut und so eine selbst geerntete Tomate an Weihnachten ist doch eine lustige Sache. Wenn die Tomate im Winterlager blüht, heißt es einmal kräftig schütteln: So löst sich der Pollen und Blüten werden erfolgreich bestäubt.

Natürlich muss man sagen, dass die Überwinterung von Tomaten in Hinblick auf den Ertrag keinen großen Sinn macht. Da ist eine Neuaussaat einfacher. Trotzdem lernst du auf diese Art und Weise eine Menge über die Bedürfnisse der Pflanzen.

Chili und Paprika funktionieren ebenfalls gut. Hier kann es vorkommen, dass die Blätter komplett abgeworfen werden. Aber wenn du dich um die Pflanze kümmerst, indem du sie weiter gießt, statt sie direkt zu ent-

sorgen, erscheinen schnell neue Blätter. Ich kenne Chilipflanzen, die mehr als 15 Jahre alt sind.

Eine Überwinterung von Physalis und Melonenbirnen wird inzwischen auch häufiger durchgeführt, da es hier sehr sinnvoll ist, im nächsten Jahr mit kräftigen Pflanzen zu beginnen. Die Zeit von der Aussaat bis zur Ernte ist sehr lang.

Noch ein Tipp zum Abschluss: Egal, welche Pflanze du zu überwintern versuchst – ohne regelmäßige Kontrollen nach Blattläusen und Pilzkrankheiten geht es nicht.

Auch im Winter weiterernten? Klar!

Der Winter galt lange als die Zeit, in der im Garten nichts passiert. Im Herbst wurden die Beete abgeräumt und erst im Frühjahr wieder bearbeitet, bepflanzt und überhaupt beachtet. Wo früher die gut gefüllte Vorratskammer sehr wichtig war, wurde sie nach und nach von Supermärkten ersetzt. Die spielen natürlich immer noch eine unverzichtbare Rolle, aber erfreulicherweise wollen viele Menschen auch im Winter etwas Frisches aus eigenem Anbau – und dafür gibt es vielleicht mehr geeignete Gemüsearten, als du glaubst.

Manche Kulturen stehen über den Winter hinweg in den Beeten, sodass im nächsten Jahr geerntet werden kann. Knoblauch, Herbstzwiebeln, Winterkopfsalat, Winterkefen (Erbsen), Dicke Bohnen oder Postelein stehen sehr klein und legen dann direkt im Frühjahr so richtig los. Der Vorteil ist, dass dadurch die Beete auch in dieser Zeit nicht leer stehen und durch die Pflanzen und deren Wurzeln geschützt werden. Für den Anbau im Winter brauchst du aber spezielle Sorten. Bei den Dicken Bohnen ist dies zum Beispiel die ‚Priamus', bei den Salaten ‚Wintermarie', ‚Baquieu', ‚Forellenschluss' oder ‚Humil'.

Wenn du im Winter etwas ernten möchtest, eignen sich besonders gut diverse Kohlsorten. Aber du hast auch noch einige andere Optionen – hier ein kleiner Überblick:

— Rosenkohl, Russischer Federkohl, Grünkohl, Braunkohl oder Schwarzkohl (Palmkohl) halten den meisten Frösten Stand. Die Anzucht beginnt bei Rosenkohl schon Anfang Mai, bei Grünkohl und Palmkohl reicht auch der komplette Juni und, wenn es sein muss, sogar noch später.

— Sehr beliebt sind diverse Sorten von Asiasalat. Das sind Senfkohlarten, die sehr gut mit Kälte auskommen – einige sogar im Freiland, wie die Sorte ‚Grün im Schnee'.

— Feldsalat, den du im Winter ernten möchtest, sollte nicht zu spät gesät oder gepflanzt worden sein. Für die Ernte im Herbst säst du bereits im Juni, und für die Winterernte im August und September. Noch spätere Aussaaten wachsen kaum über den Winter, sondern erst wieder, wenn es im Frühjahr wärmer wird.

— Winterportulak wird auch Postelein genannt und ist ein Wintergemüse, dass du dir nicht entgehen lassen solltest. Die fleischigen Blätter sind erfrischend und eine leckere Salatzutat.

— Endiviensalate und Radicchio halten zwar auch Frost aus, allerdings neigen sie durch die Feuchtigkeit zum Faulen. Hier ist ein Regenschutz sehr hilfreich.

— Auch Topinambur ist eine Nahrungsquelle, die du fast den gesamten Winter ernten kannst. Die Knollen, die sich über den Sommer gebildet haben, kannst du aus der Erde holen, sobald diese nicht mehr gefroren ist.

Ein wahrer Gamechanger, was die Ernte im Winter anbelangt, ist ein Folientunnel oder ein Gewächshaus – und das muss nicht mal beheizt werden. Auch wenn die Temperaturen im Inneren nicht viel höher sind als im Freiland, reicht das schon aus, um mit vielen Gemüsearten den Speiseplan zu erweitern. Die Ernte von Endivien, Kopfsalaten, Feldsalat, Postelein, Kohl, Rucola und Radicchio sind hier fast in jedem Monat möglich. In milden Wintern konnte ich zu Weihnachten auch schon Fenchel und Sellerie aus dem Folientunnel ernten.

Bei der Frage, wie erfolgreich deine Winterernte ist, haben die Witterungsverhältnisse jedes Jahr ein gehöriges Wort mitzureden. 3 Wochen bei −15 °C: Da streckt sogar der Grünkohl die Blätter, aber diese langanhaltenden Minusgrade werden bei uns bekanntlich immer seltener.

„Ihr immer mit eurem Wintergemüse, das funktioniert doch eh nicht. Gerade mal −5° C und der Grünkohl ist erfroren. Jetzt habe ich die Pflanzen entsorgt." Solche und ähnliche Kommentare darf ich mir jedes Jahr mehrfach anhören – dabei hätte ein wenig Geduld ausgereicht. Die Sache ist: Bei Frost sehen viele Pflanzen erfroren aus. Hängende, dunkelgrüne, vielleicht sogar matschig anmutende Blätter sind bei vielen Pflanzen ein gutes Zeichen dafür, dass sie tatsächlich erfroren sind – aber nicht so bei den meisten Wintergemüsearten.

Es ist immer wieder erstaunlich, wie schnell eine vermeintlich erfrorene Pflanze nach kurzer Zeit wieder gesund und vital ist. Sehr wichtig ist es, sie in der Zeit nicht anzufassen. Die Berührung kann die Zellen der Pflanze beschädigen und das führt zu bleibenden Schäden. Auch auf eine „Noternte" solltest du verzichten, solange die Pflanze erfroren aussieht. Das aufgetaute Gemüse schmeckt nicht wirklich gut. Lange Rede, kurzer Sinn: Gib deinen Pflanzen die Zeit, sich vom Frost zu erholen – dann klappt es auch wieder mit der Ernte.

Das geht immer und überall: Keimsprossen und Microgreens

Egal, wie kalt, dunkel und ungemütlich es draußen im Garten ist – ja, egal, ob du überhaupt einen Garten hast: Eigene frische Keimsprossen und Microgreens gehen immer! Viele bauen die gesunden Keime nur im Winter an, dabei bereichern sie auch in den restlichen Jahreszeiten deinen Speise-

Erbsen-Keimsprossen, wie hier im Bild, passen hervorragend zu Salaten. Außerdem stecken sie voller Vitamine und Nährstoffe.

plan. Ich liebe es, Mungbohnen dann keimen zu lassen, wenn im Garten Karotten, Paprika und Spitzkohl erntefertig sind, um asiatische Gerichte komplett aus der eigenen Ernte zubereiten zu können. Für mich ist das inzwischen ein fester Bestandteil meiner Art der Selbstversorgung geworden.

Worin liegt aber der Unterschied zwischen Keimsprossen und Microgreens? Keimsprossen sind zum Beispiel Soja- oder Mungbohnenkeime. Du kannst dir das so vorstellen: Die Saat wird in einem Keimglas übereinander zum Keimen gebracht. Geerntet wird, sobald sich der Keim gebildet hat; ein großer Teil des Samenkorns ist noch am Keim und wird mitgegessen. Microgreens hingegen säst du sehr dicht aus – du hast bestimmt schon mal bei Kresse im Supermarkt gesehen, wie nah die einzelnen Pflänzchen beieinanderstehen – und schneidest dann den Trieb ab.

Aus einigen Saaten – z. B. Erbsen – kannst du entweder Microgreens oder Keimsprossen machen. Andere, schleimbildende Saaten eigenen sich nur für Microgreens wie Kresse, Basilikum, Senf, Rucola oder Buchweizen. Sowohl Keimsprossen als auch Microgreens gelten als sehr gesund und sind geschmacksintensiv.

Das brauchst du für Keimsprossen

Auch wenn sich andere Gefäße genauso dafür eignen, finde ich es inzwischen sehr praktisch, meine Keimsprossen in einem Keimglas anzuziehen. Im Grunde genommen ist das ein normales Schraubglas mit Sieb im Deckel, welches mitsamt der Saat (in einem speziellen Gestell) auf den Kopf gestellt wird. Im Detail läuft das so ab: Die Saat wird einige Stunden in Wasser eingeweicht, dann in das Glas gegeben und auf den Kopf gestellt. Das (restliche) Wasser tropft durch das Sieb, die Saaten bleiben aber feucht, da kein Wasser nach oben verdunsten kann – das Glas steht ja auf dem Kopf. Dennoch musst du jeden Tag ein- bis zweimal Wasser in das Glas füllen und dieses sofort wieder abschütten, da die Keime für ihr Wachstum Wasser verbrauchen. Sobald die Keimsprossen die gewünschte Größe haben, kannst du sie „ernten".

Für Microgreens reicht eine flache Schale mit einem feuchten Küchentuch, einer Hanf- oder Jutematte. Ein durchsichtiger Deckel hilft, die Saat feucht zu halten. Keimsprossen werden einfach abgeschnitten, wenn sie deiner Meinung nach groß genug sind. Die restlichen Wurzeln kannst du einfach auf den Kompost geben.

Außerdem brauchst du natürlich Keimsaaten, wobei hier das Angebot erfreulicherweise die letzten Jahre stark gestiegen ist, sodass sich für jeden Geschmack etwas findet. Achtung, gut zu wissen: Einige Sorten bilden neben der Hauptwurzel sehr viele feine Seitenwurzeln, die nicht selten für Schimmel gehalten werden. Schau dir den vermeintlichn Schimmel also erst einmal unter der Lupe an, bevor du die Keime entsorgst. Bei sauberer Anzucht kommt Schimmel nur selten vor.

So wenig wie möglich, so viel
wie nötig: Bewässerung

Ja, heiße, trockene Sommer hat es immer mal gegeben. Aber: In den letzten Jahren zeigt sich auch in Ländern wie Deutschland oder Österreich, dass der Klimawandel real ist. Hitzesommer wie 2021, in denen wochenlang kein Regen gefallen ist, machen deutlich, wie wertvoll Wasser ist. Auch im eigenen Garten sind ganz unmittelbare Auswirkungen zu spüren: In diesem Jahr musste ich zum ersten Mal Kartoffeln gießen, damit die Pflanzen nicht vertrocknen. Weitermachen wie bisher ist keine Option mehr – jetzt gilt es, sparsam mit dem wertvollen Nass umzugehen.

Ich möchte mich aber nicht zu sehr beschweren, denn im Vergleich zu südeuropäischen Ländern wie Italien oder Griechenland gibt es in unseren Breitengraden (noch) viel mehr Niederschläge. So und so lautet die Devise: erfinderisch werden, etwas umdenken und vor allem das Wasser, das wir haben, effizient nutzen

Du hast im Garten verschiedene Möglichkeiten, an Wasser zu kommen. Mit Glück hast du einen Frischwasseranschluss. Dieser macht dich unabhängig von Niederschlägen, aber das Wasser kostet Geld und macht dich wiederum von den Wasserwerken abhängig. Leitungswasser ist, je nach Härte, auch nicht für alle Pflanzen gleich gut geeignet. Auf jeden Fall solltest du einen Plan B haben, was du machst, wenn im Hochsommer das Wasser einmal nicht aus der Leitung kommt.

Einen eigenen Grundwasserbrunnen bohren zu lassen, bedeutet Selbstversorgung mit Wasser. Dies ist allerdings sehr teuer und wird mit jedem Meter teurer, der gebohrt werden muss. Die Kosten hängen hierbei vom Grundwasserspiegel ab, können sich aber durchaus schon mal auf einige Tausend Euro belaufen. Außerdem brauchst du für das Bohren eines Brunnens eine Genehmigung der zuständigen lokalen Behörden. Bei einem kleinen gemieteten Garten ist das wenig sinnvoll, aber bei eigenem Grund ist diese Art der Wasserversorgung auf jeden Fall eine Überlegung wert und eine gute Investition in Richtung Unabhängigkeit. Lass dich am besten von einer Fachfirma beraten.

Die beste Lösung: Regenwasser auffangen

Regen ist die natürlichste und günstigste Art, deine Pflanzen bewässern zu lassen. Der kleine Haken: Es lässt sich nicht beeinflussen, wann und wie viel es regnet. Was du allerdings tun kannst, ist, Regenwasser bei jeder Gelegenheit zu sammeln – eine immer wichtigere Aufgabe.

Wie kannst du dafür sorgen, dass dein Garten auch bei hohen Temperaturen ausreichend bewässert wird?

Liegt dein Garten an deinem Haus, hast du vielleicht die Möglichkeit, das Regenwasser von den Dachflächen zu sammeln. Zu diesem Zweck gibt es spezielle Anschlüsse für das Fallrohr, an denen du einen oder mehrere Sammelbehälter anschließen kannst. Das muss nicht zwingend nur die klassische Regentonne sein. Es gibt solche Behälter in verschiedenen Größen und Bauweisen, oberirdisch und unterirdisch, als große und kleine Wasserspeicher. Im besten Fall kannst du durch das Nutzen des Regenwassers sogar Abwassergebühren einsparen, die sonst für das Einleiten des Regenwassers in die Kanalisation anfallen. Eine Auskunft dazu bekommst du bei deiner Gemeinde.

Aber was, wenn es auf deinem Gartengrundstück kein Wohnhaus gibt? Ganz einfach: Dann nutzt du eben ein anderes Dach, das zur Verfügung steht. Zum Beispiel das vom Gewächshaus, der Gartenhütte, dem (Werkzeug-)Unterstand – all diese Flächen eignen sich hervorragend zum Wassersammeln. Das Prinzip ist dabei immer gleich: Du bringst eine Regenrinne an und leitest das Wasser in ein Fass. Vielleicht glaubst du jetzt noch nicht, dass diese kleine Dachfläche viel ausmacht, aber in der Kombination mit Regen und wassersparenden Anbaumethoden kann sie vielleicht verhindern, dass du Wasser von zu Hause mitbringen musst, um deine Pflanzen zu retten.

Die günstigste Art, den Garten zu bewässern, ist und bleibt: Regenwasser sammeln.

Wasser sparen ist besser als Wasser brauchen!

Es gibt viele Methoden, deinen Wasserbedarf und -verbrauch gering zu halten. Im Sommer ist es beispielsweise wichtig, so wenig ungeschützte Erdflächen wie möglich zu haben. Das erreichst du, indem du Mulchmaterial ausbringst oder Mulchfolien verwendest. Ich verwende dafür gerne grob zerschnittene Brennnesselblätter, Beinwell, Rasenschnitt und was sonst noch so anfällt.

Wenn du morgens den Mulch in die Hand nimmst, kannst du beobachten, dass er da, wo er auf der Erde liegt, feucht ist – auch wenn es gar nicht geregnet hat. Das ist die Feuchtigkeit, die die Erde ohne den Mulch an die Luft abgegeben hätte. So bleibt sie jedoch zum großen Teil im Boden und bei deinen Pflanzen. Die sorgen übrigens sogar selbst für diesen Mulcheffekt.

Ein gut bepflanztes Beet hat wenige Lücken; das kannst du schon bei der Bepflanzung berücksichtigen. Wähle die Abstände so, dass sich die Pflanzen nicht im Weg stehen, aber den Raum gut ausnutzen. Wenn du dann von oben auf die Fläche schaust und keine Erde mehr siehst, ist der sogenannte Blattschluss erreicht. Dieser wird auch in der Landwirtschaft ersehnt, da ab jetzt weniger Wasser über den Boden verdunstet und kaum mehr Beikräuter aufgehen.

Eine andere Art, möglichst wenig Wasser zu verbrauchen, ist richtiges Gießen. Der häufigste Fehler ist, zu schnell zu viel Wasser an eine Pflanze zu geben. Auf die Vorteile einer Tropfbewässerung gehe ich gleich genau ein, aber auch das Gießen mit einer Gießkanne bietet Wassersparpotenzial.

Stell dir vor, du hast 10 Tomatenpflanzen und jede soll bei deinem morgendlichen Gießrundgang 1 l bekommen. Du gehst also mit deiner Gießkanne von Pflanze zu Pflanze und jede bekommt ihren Liter auf einmal. Diese Wassermenge kann der Boden aber gar nicht so schnell aufnehmen und das Wasser versickert zum großen Teil in tiefere Erdschichten, wo keine Wurzeln mehr sind.

Viel besser sind mindestens 2 oder besser 3 Gießdurchgänge, bei denen es jedes Mal nur einen Schluck Wasser für die Pflanzen gibt – kurze Pause, nächster Schluck. So kann der Boden das Wasser besser speichern. Aus diesem Grund ist in der Natur ein Landregen, der über längere Zeit eine moderate Regenmenge abgibt, viel besser als ein Regenschauer – auch hier kann der Boden nicht so viel Wasser speichern.

Noch ein Tipp: Ein kleiner Gießrand hilft, das Gießwasser bei der Pflanze zu halten. Dazu reicht es, mit den Händen einen wenige Zentimeter hohen Erdwall mit ca. 10–20 cm Abstand zum Stiel zu formen und in diesen hineinzugießen. So verhinderst du, dass das Wasser zu weit von der Pflanze weg fließt.

Du hast keine Lust oder Zeit für mehrfaches Gießen oder Gießkannen-Schleppen? Dann ist vielleicht die Tropfbewässerung die richtige Lösung für dich.

Wenn du beim Bewässern mit der Gießkanne das Wasser portionsweise abgibst, kann der Boden es besser halten.

Tropfbewässerung

Lust auf einen kleinen Versuch? Nimm dir 2 kleine Töpfe mit trockener Erde und stell diese nacheinander auf eine Waage. Notiere die Gewichte und nimm dir einen Messbecher mit (z. B.) 500 ml Wasser. Nimm den ersten Topf in die Hand und gieße dieses Wasser nun komplett hinein. Du wirst sehen, dass ein großer Teil davon unten wieder herausfließt. Nachdem das Wasser abgeflossen ist, stelle den Topf wieder auf die Waage. Wiederhole dies für den zweiten Topf, nur mit dem Unterschied, dass du dieselbe Wassermenge in 4 Gaben teilst und dazwischen immer 1 Minute wartest. Der zweite Topf wird auf der Waage ein wesentlich höheres Gewicht haben, da die Erde viel mehr Wasser aufnehmen konnte.

Du musst diesen Versuch natürlich nicht machen, aber er hilft dabei, die Zusammenspiele von Wasser und Erde zu verstehen. Wenn du dir nun vorstellst, dass die Wassermenge nicht innerhalb weniger Minuten auf den Topf gegeben wird, sondern über Stunden und tropfenweise, kannst du besser nachvollziehen, wie viel Wasser in der Erde gespeichert werden kann und dass die Pflanzenwurzeln viel mehr Zeit haben, dieses zu nutzen.

Genau dieses Prinzip macht sich eine Tropfbewässerung zunutze. Wasser wird sehr langsam abgegeben und du kannst die Menge selbst einstellen. Sie ist abhängig von der Pflanze, deren Größe und der Temperatur. Unter der Erde bildet sich eine Art Wasserglocke. Das ist wichtig zu wissen, da an der Oberfläche meist nur eine winzige Stelle nass aussieht.

Tropfbewässerungen gibt es in verschiedenen Bauweisen und Qualitätsstufen. Tropfrohre, die im Gemüseanbau meistens oberirdisch verlegt werden, haben in gewissen Abständen Austrittsöffnungen für das Wasser. Hierbei handelt es sich aber nicht nur um einen Schlauch mit Löchern, sondern um ein ausgeklügeltes System, welches dafür sorgt, dass aus jeder Öffnung gleich viel Wasser kommt – und nicht aus dem am weitesten entfernten Loch viel weniger.

Verbunden werden die Rohre durch passende Winkel, T-Stücke und andere Kupplungen. Die meisten Systeme erfordern für einen reibungslosen Betrieb einen gewissen Druck, mit anderen Worten: eine Frischwasserleitung. Hinter dieser Leitung werden ein Druckminderer und ein Filter angebracht, damit keine Fremdkörper das System verstopfen können. Ein einfacher Bewässerungscomputer reicht schon aus, um die Leitung zu bestimmten Zeiten zu öffnen und zu schließen.

Wenn du so ein System baust, teste es am besten einige Wochen lang, um die richtige Wassermenge für die Bedürfnisse deines Gartens zu finden. Sobald du den Dreh raushast, steht – zum Beispiel – dem Sommerurlaub nichts mehr im Weg. Du bastelst gerne? In diesem Fall kannst du dir sogar ein smartes System zusammenstellen, welches sich über eine App von überall steuern lässt. Über angeschlossene Bodensensoren siehst du dann, wie feucht der Boden ist.

Neben Tropfschläuchen kannst du noch mit Einzeltropfern arbeiten. Diese werden auf einem Verteilrohr in frei wählbaren Abständen montiert. Das Wasser tritt entweder direkt an den Tropfern aus oder kann über kleine Schläuche direkt zu den Pflanzen geführt werden. Besonders empfehlenswert ist das bei größeren Pflanzen oder Topfkulturen. In den meisten Tropfsystemen lassen sich sowohl Tropfschläuche als auch Stücke mit Einzeltropfern kombinieren.

Das Blumatsystem

Neben den vielen verschiedenen Systemen, die es auf dem Markt gibt, möchte ich eins ganz besonders erwähnen, da ich es selbst seit vielen Jahren sehr erfolgreich in meinem Garten im Folientunnel und für die Topfbewässerung in meinem Garten im Einsatz habe – einem Garten ohne Strom und Wasserleitung.

Um dieses System betreiben zu können, reicht schon ein Wasserfass, das nur 50 cm über dem Grund steht. Mit Schläuchen und Verbindern werden die wichtigsten Elemente mit Wasser beschickt: die Tropfer. Diese bestehen aus einem Tonkegel und einem Ventil. Anders, als man nun glauben könnte, gelangt die Feuchtigkeit nicht über den Ton in den Boden, sondern über dünne Schläuche, die durch das Ventil laufen.

Die Tonkegel im Boden sorgen durch Ausdehnung dafür, dass sich das Ventil etwas mehr oder weniger öffnet oder ganz schließt. Ist der Boden feucht, geht kein Wasser durch die Leitung. Trocknet der Boden aus, ändert sich die Ausdehnung und die Leitung beginnt zu tropfen – wie viel, kannst du sogar einstellen.

Am Anfang war ich sehr skeptisch, ob das auch wirklich gut funktioniert. Aber schon nach einer Woche war mir klar: Gießen im Folientunnel gehört der Vergangenheit an. Der Wasserverbrauch ist minimal und die Pflanzen sind immer sehr gut versorgt. In den ersten Tagen musste ich den ein oder anderen Tropfer nachjustieren, aber dann war es eine Freude, dem System bei der Arbeit zuzuschauen. Jetzt, im dritten Jahr, habe ich ein weiteres System mit einem kleinen 20-l-Kanister für meine Topfpflanzen aufgebaut.

Das entsprechende Zubehör für das Blumatsystem bekommst du u. a. unter www.borago.de.

Gießen mit dem Gartenschlauch und Kreiselregnern

Zugegeben, es ist verlockend, nach einem heißen Sommertag den Garten einfach kurz mit dem Gartenschlauch zu beregnen. Dies verbraucht aber nicht nur sehr viel Wasser, sondern die Wassermenge an den Pflanzenwurzeln reicht meistens nicht aus, wenn du nur einige Minuten gießt. Richtest du den Strahl direkt auf den trockenen Boden, kommt es hier zu ungewollten Verdichtungen. Auch in Gemüseanbaubetrieben wird immer häufiger auf Tropfbewässerung gesetzt. Kreiselregner, wie sie gerne bei Rasen eingesetzt werden, halte ich im Gemüsegarten für genauso problematisch. Warum? Weil dadurch einfach zu viel Wasser verbraucht wird und dabei trotzdem nicht alles dort ankommt, wo es eigentlich hinsoll.

OLLAS

Seit einigen Jahren werden Ollas immer beliebter. Der Name kommt aus dem Spanischen und bedeutet Kochtopf. Im gärtnerischen Kontext sind mit Ollas runde, bauchige Töpfe aus unglasiertem Ton gemeint; meistens ist noch ein Deckel dabei. Sie haben oben eine schmale Öffnung, durch die Wasser eingefüllt wird. Ollas werden entweder vor den Pflanzen im Boden vergraben oder dann, wenn die Pflanzen schon stehen.

Der Vorteil von Ollas liegt ganz einfach darin, dass der Ton das Wasser sehr langsam an die umgebende Erde abgibt. Durch die Kapillarwirkung des Bodens wird die Feuchtigkeit ein ganzes Stück von den Ollas wegtransportiert. Hiervon profitieren deine Pflanzen, und wenn du die Töpfe vor dem Winter wieder ausgräbst, kannst du oft beobachten, dass sich Pflanzenwurzeln regelrecht an die Tonoberfläche angeheftet haben. Wenn du regelmäßig schaust, ob Wasser nachgefüllt werden muss, können dir Ollas viel Wasser und Gießzeit einsparen.

Ollas werden in der Nähe der Pflanze in die Erde gesetzt.

Oben bleibt ein kleiner Rand des Tontopfs frei.

Jetzt müssen die Ollas nur noch regelmäßig befüllt werden.

BEWÄSSERUNG VON TOPFPFLANZEN

Wenn du Gemüse und Kräuter in Töpfen anbaust, musst du ein paar Dinge beachten. Die wichtigsten Punkte habe ich dir hier zusammengefasst:

Pflanzen in Töpfen und Kübeln können logischerweise keine weitreichenden Wurzeln bilden, die sich aus tieferen Erdschichten mit Wasser versorgen. Der Wasservorrat ist, je nach Topfvolumen und Pflanzengröße, schnell aufgebraucht, sodass die Pflanze selbst bei morgendlichem Gießen mitunter bereits mittags die Blätter hängen lässt. Hier können

Wasserdepots helfen, z. B. Ollas, Flaschenadapter aus Ton oder eine eigene Tropfbewässerung.

Ist ein sehr heißer Tag angesagt, kann es helfen, die Pflanzen aus der prallen Sonne zu stellen oder, falls das nicht möglich ist, diese zu beschatten. Es gibt dafür spezielle Schattiernetze, ein weißes Betttuch oder ein Sonnenschirm erfüllen ihren Zweck aber genauso gut.

Pflanzen mit viel Laub schirmen den Topf wie ein Regenschirm ab. Auf der einen Seite ist dies gut, da

das Blattwerk ähnlich wie Mulch fungiert und verhindern kann, dass Feuchtigkeit über die Erdoberfläche verdunstet. Auf der anderen Seite heißt das für dich aber auch, dass selbst nach dem Regen die Erde noch trocken sein kann und du gießen musst.

Auch bei Topfpflanzen ist Mulchen sinnvoll. Deswegen liegen bei mir in den Töpfen mit mehrjährigen Kräutern immer ein paar Steine auf der Erde: Das ist nicht nur dekorativ, sondern hält Wasser sehr gut im Boden, das andernfalls verdunsten würde.

Wenn du Topfpflanzen mulchst (z. B. mit Stroh), verdunstet dadurch weniger Wasser.

Auch das Blumatsystem (siehe S. 61) lässt sich bei Topfpflanzen gut anwenden.

Morgens, mittags, abends: Was ist die beste Tageszeit zum Gießen?

Über dieses Thema wird sehr viel diskutiert und spekuliert. Ich bin mit der Regel aufgewachsen, niemals in der prallen Sonne zu gießen. Die Begründung: „Davon verbrennen die Pflanzen." Hm – von Wasser verbrennen Pflanzen? Weil die Tropfen, die sich auf den Blättern bilden, wie kleine Brennspiegel sind, die das Sonnenlicht bündeln und Schäden verursachen? Das wollte ich genauer wissen und habe an einem besonders heißen Sommertag Wassertropfen auf Gurken-, Tomaten- und Salatblättern angebracht. Sichtbare Brandschäden? Gab es keine.

Um eine weitere Meinung einzuholen, fragte ich in einer Gemüsegärtnerei zu diesem Thema nach. Von dem Gärtner dort bekam ich die Antwort, er glaube auch nicht an die Brennspiegeltheorie und habe in vielen Jahrzehnten so etwas noch nie beobachten können. Seiner Ansicht nach müssen Pflanzen, die sichtbar vertrocknen, bewässert werden – egal, zu welcher Tageszeit. Generell sollte man aber lieber nicht über die Blätter gießen, sondern von unten auf die Erde.

Was allerdings definitiv als Faustregel festgehalten werden kann: Die frühen Morgenstunden sind die ideale Zeit zum Gießen. Denn zu dieser Tageszeit ist der Boden abgekühlt und das Wasser kann langsam eindringen, ohne dass ein Großteil verdunstet. Gleichzeitig sind die Pflanzen besser für einen heißen Tag vorbereitet. Du hast morgens keine Zeit zum Gießen? Dann warte bis zum Abend: Gegen 20–21 Uhr hat sich der Boden bereits etwas abgekühlt. Der Nachteil davon ist wiederum, dass durch die Feuchtigkeit Schnecken angelockt werden können.

Übrigens gibt es auch zum Gießwasser selbst noch ein paar Worte zu sagen: Ich versuche im Sommer immer, auf Wasser zu verzichten, das direkt aus der Leitung kommt, da dieses sehr kalt ist. Wenn du die Möglichkeit hast, versuche ein Wassersammelbecken in deinen Garten zu bekommen, wie etwa eine Regentonne (oder besser mehrere). Das Wasser, das du von hier entnimmst, ist von der Temperatur her immer etwas angenehmer für die Pflanzen.

Wie du zum Jungpflanzen-Profi wirst – und dadurch Geld sparst und Vielfalt förderst

Beginnt für dich der eigentliche Startschuss in die neue Gartensaison auch nicht mit der Beetplanung für das anstehende Jahr, sondern mit der ersten Aussaat im Haus – mit der Jungpflanzenvoranzucht? Ja, es mag bequem sein, im Frühjahr im Handel Jungpflanzen für Tomaten, Kohl und Salate zu kaufen. Aber umso überdeutlicher sind die Vorteile der eigenen Voranzucht:

Sortenvielfalt

Im Handel gibt es einige wenige Sorten. Oft wird dabei die Sorte gar nicht angegeben, sondern es finden sich Bezeichnungen wie „Snackgurke", „Balkontomate" oder „Extra scharfe Chili" auf den Töpfen. Verwendest du Saatgut, hast du die Auswahl zwischen tausenden Sorten und kannst so genau das Gemüse finden, welches du gerne isst und welches im Idealfall für deinen Garten gut geeignet ist (Klima, Boden etc.).

Geld sparen

Sobald du dich einmal mit den nötigen Anzuchtutensilien ausgestattet hast, sparst du im Gegensatz zum Jungpflanzenkauf viel Geld – unter anderem, weil du nicht jedes Jahr neue Pflanzen besorgen musst.

Passende Mengen

Nicht immer brauchst du 12 Brokkolipflanzen derselben Sorte. Indem du selbst vorziehst, kannst du die Anzahl der Pflanzen an die eigenen Bedürfnisse anpassen. Mein persönlicher Favorit ist zum Beispiel eine gemischte Salatplatte mit 15 verschiedenen Salatsorten. Ich würde aber empfehlen: Zieh im Zweifelsfall immer etwas mehr vor. Wenn alles reibungslos läuft, hast du dadurch ein tolles Geschenk für andere Gartenbegeisterte – und wenn mal etwas schiefgeht, ist das nicht so schlimm.

Aus Erfahrung kann ich sagen: Es ist möglich, dass die Jungpflanzenanzucht nicht gleich so läuft wie erwartet. Als ich vor vielen Jahren das erste Mal Pflanzen auf der Fensterbank vorgezogen habe, ist so ziemlich alles eingetreten, was schieflaufen kann: Saatgut ist nicht gekeimt, Pflanzen sind eingegangen oder vergeilt, d. h. es entstand ein unnatürliches, schwaches Streckenwachstum aufgrund von Lichtmangel. An der Stelle hätte ich aufgeben können (und war ehrlich gesagt auch kurz davor). Aber zum Glück habe ich dann doch weitergemacht – und aus meinen Fehlern gelernt.

Typische Fehler bei der Jungpflanzenanzucht

Damit du dir den einen oder anderen klassischen Fehler von vornherein sparen kannst, hier eine kleine Übersicht, woran es schnell einmal scheitern kann:

Zu früh anfangen: Auch wenn es in den Fingern juckt und gefühlt alle in den sozialen Medien schon im Januar Tomatenpflanzen haben – abwarten lohnt sich. Viele Pflanzen wie Tomaten oder Paprika dürfen erst ab Mitte Mai ins Freiland. Ziehst du zu früh an, stehen die Pflanzen sehr lange im Haus, werden entsprechend groß und brauchen viel Platz. Auch die Gefahr, dass den Pflanzen in der langen Zeit etwas passiert, also sich z. B. Blattläuse, Trauermücken oder Pilze breit machen, ist größer.

Zu wenig Licht: Bekommt eine Pflanze zu wenig Licht, um ausreichend Photosynthese zu betreiben, tritt ein Streckenwachstum ein, auch bekannt als Vergeilen. Die Pflanzen versuchen schnell nach oben zu wachsen, dem Licht entgegen. Dadurch werden sie schwach und sind teilweise nicht mehr zu gebrauchen.

Die wichtigsten Aussaat-Informationen findest du in der Regel auf dem Saatguttütchen.

Falsche Temperatur: Auf vielen Saatguttütchen ist eine Keimtemperatur angegeben. Bei Tomaten steht hier gerne 22 °C, bei Paprika und Chili sogar noch mehr. Natürlich brauchen dic Pflanzen nicht exakt diese Temperatur, aber es ist ein guter Anhaltspunkt. Bei zu niedrigen Temperaturen findet keine Keimung statt oder es dauert entsprechend länger. Nach der Keimung benötigen die meisten Pflanzen niedrigere Temperaturen, da ansonsten die zur Verfügung gestellte Lichtmenge nicht ausreicht, um ein gesundes Wachstum zu garantieren.

Falsche Erde: Sehr nährstoffreiche Erde sorgt für ein zu schnelles Wachstum. Es gibt spezielle Anzuchterden, die deinen Pflanzen den perfekten Start bieten – erfreulicherweise inzwischen oft auch ohne Torf. Das spielt deshalb eine Rolle, weil Torf eine endliche Ressource ist und der Abbau Ökosysteme zerstört.

In der Keimphase das Gießen vergessen: Sobald das Saatkorn mit Wasser in Berührung kommt und die Licht- und Temperaturverhältnisse stimmen, wird die Keimung eingeleitet. Bevor der Keimling über der Erde sichtbar wird, kann es je nach Pflanze einige Wochen dauern. Achte trotzdem in dieser Zeit darauf, dass die Erde nie ganz trocken wird – ansonsten geht die Saat ein.

Platz falsch einschätzen: In eine kleine Keimschale passen ohne Probleme 30–50 Salate, jedenfalls solange sie noch sehr klein sind. Werden sie in einzelne Töpfe pikiert, kann sich der Flächenbedarf um ein Vielfaches vergrößern, weil du dann auf einen Schlag mehrere große Pflanzen bekommst – die einiges an Platz benötigen. Diesen Platz musst du aber erst einmal haben.

Zu tief säen: Einige Samen benötigen Licht, um keimen zu können (Lichtkeimer), andere brauchen Dunkelheit und keimen nicht, wenn sie zu viel Licht erreicht. Informationen zur Saattiefe finden sich meistens auf dem Saatguttütchen.

Was brauchst du für deine Jungpflanzen?

In Betrieben, die auf die Produktion von Jungpflanzen spezialisiert sind, passieren viele Prozesse maschinell bzw. vollautomatisiert. Für den Privatbedarf macht das natürlich keinen Sinn, deshalb schauen wir uns lieber an, wie Gärtnereien dies machen, die auf kleiner Skala produzieren. Diese Herangehensweise kannst du dann einfach nachmachen – nur eben ein paar Nummern kleiner. Hier eine kurze Zusammenfassung, welche Ausstattung du brauchst:

— Pflanzgefäße
— Saatgut
— Anzuchterde
— Wasser
— Licht und die richtigen Temperaturverhältnisse
— Platz

Lass uns dazu ein bisschen mehr ins Detail gehen:

Pflanzgefäße

Am Anfang säst du in fast jedes Gefäß aus, das dir in die Finger kommt: Joghurtbecher, Eierkartons und Tontöpfe werden genauso gerne genommen wie Toilettenpapierrollen. Der Vorteil hiervon ist, dass diese Gefäße meist nichts kosten. Für den Anfang sind die meisten dieser Lösungen auch okay, aber mit der Zeit wirst du sehen, dass die Handhabung nicht ideal ist. Eierkartons oder Papprollen fangen mitunter an zu schimmeln, bevor die Pflanzen in den Boden können, oder das Material löst sich einfach auf. Auch Tontöpfchen sind nicht ideal, da die Entnahme der Jungpflanzen etwas kompliziert ist.

Ich arbeite gerne mit Multitopfplatten in verschiedenen Größen.

Wie den Profis sind auch mir bei meinen Anzuchtgefäßen vor allem Langlebigkeit und Qualität wichtig – Anzuchtplatten aus dem Profibereich halten oft viele Jahre. Genauso wichtig ist die Handhabung: Die Jungpflanzen solltest du einfach und sicher entnehmen können. Zudem müssen die Töpfe oder Multitopfplatten stapelbar sein, damit ich sie platzsparend lagern kann. In Sachen Platz achte ich darüber hinaus auf Kompatibilität, indem ich auf Multitopfplatten im immer gleichen Format setze. Diese haben dann immer auf denselben Untersetzern Platz und ich kann Pflanztische oder Regale einmalig so bauen oder anschaffen, dass die Platten perfekt passen.

Saatgut

Gärtnereien setzen oft auf einige wenige bewährte Sorten. Aus gutem Grund, denn da sie diese Sorten gut kennen, ist das Risiko geringer, dass etwas schiefläuft. Dazu kommt, dass die Kundschaft oft Jahr für Jahr genau diese eine Tomate, den Salat oder diese spezielle Gurke wünscht.

Auch ich habe meine Lieblingssorten, auf die ich im Anbau nicht verzichten möchte, aber jedes Jahr probiere ich neue Sorten aus und werde nicht selten überrascht, welche Geschmacksvielfalt allein bei Tomaten möglich ist. Ich verzichte dabei komplett auf F1-Hybriden (siehe S. 76) und setze auf samenfestes Bio-Saatgut oder selbst gewonnenes Saatgut.

Anzuchterde

Anzuchterde sollte nährstoffarm, aber nicht nährstofffrei sein. Warum? Das ist schnell erklärt: Enthält die Erde zu viele Nährstoffe, wachsen die Pflanzen im Verhältnis zum verfügbaren Licht zu schnell. Wenn die Nährstoffe wiederum komplett wegfallen, kommt es zu Mangelerscheinungen, sobald die Nährstoffe im Saatkörper aufgebraucht sind.

Ein großer Anfängerfehler ist es, Erde aus dem Garten als Anzuchterde zu verwenden. Diese funktioniert vielleicht in den Beeten hervorragend, ist locker, humusreich und kostenlos – aber für die Anzucht oder später als Topferde ist sie keine gute Wahl, da der Tonanteil darin zu hoch ist und die Erde dadurch in den Töpfchen schnell verklumpt. Außerdem besteht hier das Risiko, unerwünschte Tiere oder deren Eier mit in die Anzucht zu holen. Normale Gemüse- oder Blumenerde ist in der Regel ebenfalls zu nährstoffreich.

Pikieren oder nicht? Oft wird in kleinen Keimschalen sehr dicht ausgesät. Sind die Pflanzen dann groß genug, werden sie in größere Töpfe oder Multitopfplatten pikiert. Auf diese Art ist jeder Topf belegt. Diese Vorgehensweise ist in Gärtnereien beliebt, wo viele Pflanzen benötigt werden.

Wenn du aber nicht 30 oder mehr Exemplare von derselben Sorte benötigst, kannst du direkt in Töpfe oder Multitopfplatten säen und dir so das Pikieren sparen. Ich nehme mir z. B. eine Multitopfplatte mit 35 Einzeltöpfen und säe all meine Tomatensorten dort hinein. Die Pflanzen können hier so groß werden, dass ich sie dann direkt in die Erde setzen kann. Ähnlich mache ich es mit Kohl, Salaten, Paprika, Gurken, Zucchini oder Blumen. Wenn ich nur wenige Pflanzen benötige (z. B. bei einer Nachsaat von Gurken oder Zucchini) säe ich direkt in Einzeltöpfe, in denen sie bis zum Auspflanzen bleiben können. Nachteilig ist es natürlich, wenn viele Samen nicht keimen, denn dann hast du Lücken oder leere Töpfe. In diese kannst du z. B. neu säen, oder du säst direkt 2 Samen aus. Keimen beide, entfernst du die schwächere Pflanze sehr früh. Das mache ich aber nur bei älterem Saatgut, bei dem eine schlechtere Keimrate zu erwarten ist.

Keimprobe machen

Es gibt Saatgut, das viele Jahre lang keimfähig ist – andere Saaten wiederum verlieren schon nach kurzer Zeit ihre Keimfähigkeit. Dazu kann die Keimrate bei falscher Lagerung – zu heiß, zu feucht, zu hell – ebenfalls rapide abnehmen. Aus diesem Grund machen Keimproben auch in der privaten Jungpflanzenanzucht Sinn. Dazu nimmst du dir eine Glasschale, legst etwas Küchenpapier hinein, die Saat darauf und deckst alles mit einem weiteren Küchenpapier ab. Jetzt befeuchtest du das Papier mit der Saat, verschließt es mit einem durchsichtigen Deckel (Petrischalen sind sehr praktisch) und stellst es an einen warmen Ort, z. B. an das Fensterbrett in Heizungsnähe. Nach kurzer Zeit siehst du, wie viele der Samen keimen und kannst Rückschlüsse ziehen, ob du neues Saatgut benötigst oder einfach etwas dichter aussäst.

Dasselbe gilt für Kompost. Sicherlich kannst du Anzuchterden selber machen (womit ich persönlich keine Erfahrung habe), aber die einfachste Lösung sind fertige, torffreie Produkte.

Wasser

Um die Saat und später die Jungpflanzen zu gießen, verwende ich normales Leitungswasser. Wichtig ist es, die Erde nie austrocknen zu lassen (ein klassischer Fehler, wie du auf S. 69 schon gelesen hast). Eine Gießkanne mit hartem Strahl ist ungeeignet für die noch empfindlichen Pflanzen; ich verwende eine Ballbrause.

Licht und die richtigen Temperaturverhältnisse

Diese beiden Größen – auch in Verbindung mit Nährstoffen – stehen immer in Relation zueinander, wenn dein Ziel kräftige, gesunde Pflanzen sind. Grundsätzlich ist Licht in der typischen Anzuchtphase im Winter und Frühjahr Mangelware im Haus. Wenn dir ein großes Südfenster zur Verfügung steht, hast du schon einen wesentlichen Vorteil. Trotzdem sind kurze Tageslängen und wenig Sonnenlicht ein Problem, welches du aber im Zweifelsfall mit Wachstumslampen ausgleichen kannst (siehe S. 74).

Eine Ballbrause gibt genau die richtige Wassermenge an die zarten Jungpflanzen ab.

Massiver Lichtmangel sorgt für die Vergeilung der Pflanzen: Sie wachsen dann sehr schnell und schwach, in der Hoffnung, in der Höhe mehr Licht zu finden. Das Gleiche kann auch passieren, wenn die Pflanzen zwar genug Licht bekommen, aber in einem zu warmen Umfeld stehen.

Welche Temperaturen eine Pflanze braucht, kann sich übrigens im Lauf der Zeit ändern: Tomaten oder Paprika beispielsweise benötigen zum Keimen über 20 °C, sollten aber nach der Keimung bei Temperaturen von ca. 15 °C weiterwachsen.

Kunstlicht für Pflanzen – braucht man das?

Ich werde oft gefragt, ob ich für meine Jungpflanzen Wachstumslampen benötige oder es auch ohne geht. Dank 2 Südfenstern und der Tatsache, dass ich nicht ganz so früh im Jahr anfange, komme ich in der Regel ohne Kunstlicht aus. Aber wer weniger günstige Bedingungen hat oder wesentlich mehr Pflanzen ziehen möchte, sollte sich schon einmal nach passenden Lichtquellen umschauen.

Wachstumslampen sind dank LED-Einsatz nicht mehr solche Stromfresser wie früher. Trotzdem gibt es hier von 10 Watt bis über 1000 Watt riesige Unterschiede. Oft bedeutet mehr Leistung mehr Fläche, die du ausreichend beleuchten kannst. Meiner Meinung nach kommst du hier auch super mit Geräten aus, die wenig Leistung haben, wenn es dir eben nicht um die ganz große Fläche geht. Achtung: Nicht jede Lampe ist als Wachstumslampe geeignet. Der springende Punkt ist, dass die künstliche Lichtquelle ein bestimmtes Farbspektrum (vor allem Rot und Blau) abgeben muss – das ist es, was die Pflanzen benötigen.

Welche Multitopfplatte ist empfehlenswert?

Ich gebe zu: Ich bin ein Fan von Multitopfplatten. Die Kombination aus effektiver Platznutzung, passendem Untersetzer und der Möglichkeit, viele Pflanzen sehr einfach zu transportieren, macht sie für mich zum idealen Jungpflanzenwerkzeug. Im Folgenden findest du einige typische Anwendungsbeispiele dafür, welche Pflanze du in welcher Multitopfplatte vorziehen kannst. Die hier angegebenen Größen, also wie viele Einzeltöpfe auf einer Platte liegen, variieren je nach Hersteller und sollten dir einen groben Anhaltspunkt liefern.

15:

Erdbeeren, Paprika, Tomaten, Gurken, Zucchini, Ingwer, Kurkuma, Physalis, Tomatillo, Artischocke, Dahlien

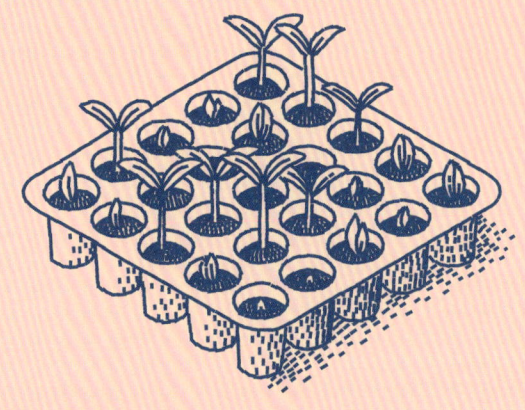

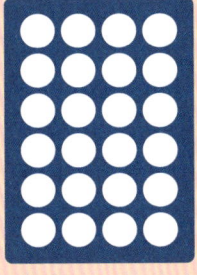

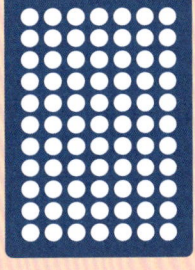

24:

Tomaten, Gurken, Zucchini, Kürbis, Aubergine, Melone, Paprika, Chili, Physalis, Tomatillo, Artischocke, Dahlien

35:

Tomaten, Gurken, Zucchini, Kürbis, Aubergine, Melone, Physalis, Tomatillo

54:

Tomaten, Gurken, Zucchini, Kürbis, Aubergine, Melone, Mais, Schwammgurke, Mangold, Spinat, Kohl, viele verschiedene Blumenarten

77:

Staudensellerie, Fenchel, Rote Bete, Neuseeländer Spinat, Asiasalate, Feldsalat, Lauch, Zwiebeln, verschiedene Kräuter wie Petersilie, Dill, Basilikum

104:

Asiasalate, Feldsalat, Lauch, Zwiebeln, Schnittlauch, Postelein

273:

Eher im Profibereich für Feldsalat, Lauchzwiebeln, Postelein, Rucola

Was sind F1-Hybriden und was ist samenfestes Saatgut?

Auf vielen Saatguttütchen findet sich der Zusatz F1. Diese Kennzeichnung ist für sogenannte F1-Hybriden vorgeschrieben. Ich verwende selbst kein Saatgut von F1-Hybriden, sondern samenfestes Saatgut. Aber wo liegt der Unterschied? Fangen wir mal mit einer kleinen Einordnung an.

Das Saatgut der F1-Hybriden wird auf besondere Art gezüchtet, und zwar durch Inzuchtlinien, um spezielle Eigenschaften der Nachkommen zu erzielen. Da allerdings im Internet viele falsche Informationen über Hybriden und samenfestes Saatgut im Umlauf sind, ist es Zeit, ein wenig Licht ins Dunkel zu bringen.

Falsch ist:

— F1-Hybriden entstehen im Genetik-Labor. Die Pflanzen sind eine Gefahr für Insekten, Früchte und Pflanzen, schmecken schlecht oder sind gar gesundheitsschädlich.

— Pflanzen, die aus samenfestem Saatgut entstehen, können sich im Umkehrschluss – der wahrscheinlich von dem Wort „samenfest" herrührt – nicht verkreuzen.

Richtig ist:

— Nimmst du von F1-Hybriden erneut Saatgut für die Vermehrung, wirst du unvorhersehbare Ergebnisse erhalten. Aus dem Saatgut einer großen roten Tomate mit hohem Wuchs erhältst du vielleicht mittelgroße, orangefarbene Tomaten. Vielleicht aber auch kleine, rote Tomaten mit schwachem Wuchs. Oder Tomaten mit Saatgut, das nicht keimfähig ist.

— Pflanzen aus samenfestem Saatgut verkreuzen sich sehr wohl. Stellst du z. B. mehrere Bohnensorten nebeneinander und entnimmst das Saatgut, ist die Wahrscheinlichkeit hoch, dass die daraus wachsenden Pflanzen zum Teil Eigenschaften beider Sorten aufweisen.

Übrigens: Wenn du Bio-Saatgut kaufst, kann auch das eine F1-Hybride sein. Dies muss aber deklariert sein, genau wie bei konventionellem Saatgut.

Zusammengefasst ist eine F1-Sorte also keine stabile (samenfeste) Sorte, sondern muss immer aufs Neue aufwändig gezüchtet und gekauft werden. Dadurch entsteht Abhängigkeit von den Anbietern. Besonders in der Landwirtschaft, wo es um Lizenzen, viel Geld und die Monopolstellung großer Saatgutkonzerne geht, ist dies ein Problem.

FASZINATION SAMENKORN

Samenkörner sind schon eine einzigartige Sache: Das Samenkorn friert die nächste Generation praktisch in der Zeit ein und bringt alles mit, was die neue Pflanze benötigt. Damit der Samen dann zur richtigen Zeit keimt, hat die Natur sich einiges einfallen lassen. Einige dieser Keimschutzmaßnahmen müssen wir erst kennen, um erfolgreich etwas auszusäen.

Sobald eine Pflanze verblüht ist und der reife Samen auf die Erde fällt, wäre es für den Fortbestand der Pflanze in vielen Fällen dramatisch, wenn dieser sofort keimen würde. Immerhin könnte ja ein Winter vor der Tür stehen und den jungen Sämling erfrieren lassen. Aus diesem Grund benötigen viele Samen eine gewisse Temperatur über einen bestimmten Zeitraum, um keimen zu können. Dass sie überhaupt keimen können, setzt bei einigen Pflanzensamen voraus, dass sie einen Kälte- oder Frostreiz abbekommen haben. Das kannst du im Kühlschrank oder im Gefrierfach simulieren, es ist aber bei gekauftem Saatgut meistens nicht nötig. Andere Samen keimen erst, wenn die Temperaturen eine gewisse Schwelle unterschritten haben. Winterportulak beispielsweise blüht im Frühjahr und bildet tausende Samen. Diese stören im Sommer in deinen Beeten aber nicht, da sie erst keimen, sobald es im Herbst und Winter wieder richtig kalt wird.

Zum Glück sind die Samen der meisten Nutzpflanzen nicht so wählerisch. Die optimale Keimtemperatur ist meistens auf der Saatguttüte abgedruckt. Eine Keimung findet zwar auch bei niedrigeren Temperaturen statt, dauert aber viel länger. Achtung: Die angegebene Keimtemperatur sollte nicht zu stark überschritten werden; viele Pflanzen keimen ab 30 °C nicht gut.

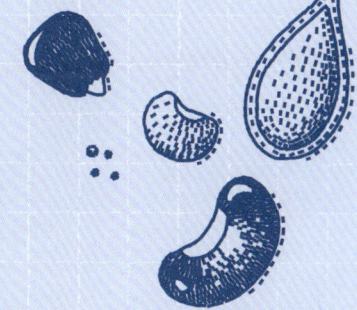

Die Keimruhe wird aber nicht nur durch die Temperaturverhältnisse unterbrochen – sonst würden die Samen ja bereits im Saatguttütchen keimen. Nein, es braucht noch etwas mehr Unterstützung: Der wichtigste Keimauslöser ist Wasser.

Ein dritter Faktor für die erfolgreiche Keimung ist Licht. Genauer gesagt, ist bei einigen Sorten das Vorhandensein und bei anderen das Fehlen von Licht ausschlaggebend. Dies kannst du sehr gut bei einigen Beikrautsamen im Beet beobachten: Sie können viele Jahre im Boden liegen und keimen erst, wenn sie durch die Bodenbearbeitung an die Oberfläche kommen.

Damit keine Missverständnisse aufkommen: Ist bei einer Sorte angegeben, dass es sich um einen Lichtkeimer handelt, heißt das nicht, dass der Samen einfach so auf die Erde gelegt wird. Er würde zu schnell austrocknen, vom Wind weggeweht oder von Vögeln aufgefressen. Leicht mit Erde oder mit Sand abgedeckt, kommt trotzdem genügend Licht an die Saat und sie ist geschützt. Dunkelkeimer wiederum kommen etwas tiefer in den Boden, damit sie möglichst wenig Licht ausgesetzt sind. Man könnte sagen, hier möchte die Pflanze nicht, dass die Saat aufgeht, sobald sie von der Pflanze auf den Boden fällt.

So kannst du Gemüsepflanzen selber veredeln

Du hast sicherlich schon von „veredelten Pflanzen" gehört: Sie können den Ertrag steigern und verringern das Risiko von Ernteausfällen, da sie wie eine Art Filter wirken. Das Veredeln von Gemüsepflanzen oder Obstgehölzen erfordert Wissen und Fingerspitzengefühl, ist aber durchaus auch im Privaten machbar – ein Beispiel findest du gleich nach dem nächsten Absatz.

Sehen wir uns vorab kurz die Grundvoraussetzungen an. Wenn du Gemüsepflanzen veredelst, brauchst du 2 Sorten: eine, die nur die Wurzel mitbringt und eine andere, die später die Früchte liefert. Die Sorte, welche die Wurzel liefert, wird Unterlage genannt und hat bestimmte Eigenschaften. Sie ist z. B. sehr wuchsstark oder unempfindlich gegen Bodenpilze und lässt diese nicht an die darüberliegende Sorte gelangen. Besonders den Effekt mit den Bodenpilzen fand ich immer sehr abstrakt – bis ich ihn eines Tages in einer Gärtnerei selbst beobachten konnte: 30 unveredelte Melonenpflanzen waren praktisch über Nacht eingegangen, weil ein Bodenpilz über die Wurzeln in die gesamte Pflanze eingedrungen war.

Im ersten Schritt (siehe S. 81) schneidest du die Pflanzen, die du veredeln willst, ab. Ich verwende dafür eine ganz normale Rasierklinge.

Mit einem Clip fixierst du die Pflanzenteile so, dass sie zusammenwachsen können.

 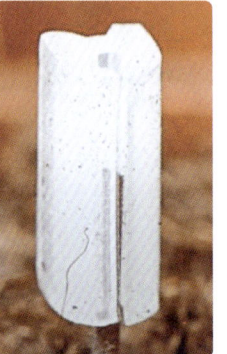 

Achte beim Auspflanzen darauf, dass die Stelle, an der die Pflanzen aneinandergewachsen sind, über der Erde bleiben.

Damit sind wir, wie versprochen, auch schon bei unserem Beispiel: Nehmen wir an, du hast eine absolute Lieblingstomatensorte. Leider ist diese sehr schwachwüchsig und liefert nur 3–4 Früchte pro Pflanze. Jetzt brauchst du eine starkwüchsige Unterlagensorte wie z. B. die gelbe Cocktailtomate ‚Sunviva'. Die Veredelung auf diese Sorte hat sich in der Vergangenheit als sehr erfolgreich erwiesen. Im Profibereich gibt es auch spezielle Unterlagensorten, die aber für Privatpersonen nur schwer zu bekommen sind.

Du säst anschließend beide Sorten aus und wenn diese im Keimblattstadium sind, beginnt ein zugegeben brutal klingender Eingriff. Beide werden mit einem sehr scharfen Messer oder einer Rasierklinge abgeschnitten. Bitte beachte dabei, dass ein Keimblatt stehenbleiben und der Schnittwinkel bei beiden Pflanzen ungefähr gleich sein muss, damit die Stellen kompatibel sind.

Mithilfe einer speziellen Klammer oder eines Clips wird nun der obere Teil der gewünschten Sorte auf die Unterlage fixiert. Damit die beiden Pflanzenteile erfolgreich aneinanderwachsen, musst du die frisch „operierte" Pflanze nun unter „gespannte Luft" stellen.

Nimm dir zum Beispiel ein kleines Glasaquarium, in dem du für eine hohe Luftfeuchtigkeit sorgen kannst. Stelle deine veredelten Pflanzen hinein und decke das Aquarium mit einer Folie ab, sodass die Luftfeuchtigkeit gehalten werden kann. Stell es nun an einen hellen Ort, aber nicht in die pralle Sonne. Die obere Sorte wird nun erst einmal für 1–2 Tage die Blätter hängen lassen. Danach sollte sie wieder normal aussehen und wachsen – jedenfalls, wenn die Veredlung erfolgreich war. Wenn du dir den ganzen Prozess einmal in Aktion anschauen möchtest, kommst du über den **QR-Code** zu einem SelfBio-Video.

Mit Melonen und Gurken gehst du genauso vor. Der Unterschied ist, dass hier meistens ein Kürbis (besonders oft der Feigenblattkürbis) als Unterlage verwendet wird. Auberginen werden übrigens auf Tomaten veredelt.

Es hat nicht geklappt und die Pflanze wächst nicht normal weiter? Dann gib nicht auf – es kann sein, dass du einige Versuche brauchst, bis du den Dreh raushast. Achtung: Pflanzt du die erfolgreich veredelte Pflanze später aus, ist es wichtig, dass die Veredelungsstelle über dem Boden liegt. Andernfalls bildet auch die obere Sorte Wurzeln und die Sperre gegen Bodenpilze kann nicht mehr funktionieren.

Wenn das Vorgehen hier sehr aufwändig klingt, lass dir gesagt sein: Probiere es einfach einmal aus. Es ist auf jeden Fall machbar und die Leute, die dabei erfolgreich sind, schwärmen von äußerst ertragreichen Pflanzen. •

Im Video siehst du die Veredlung Schritt für Schritt erklärt.

Wie du die Bodenqualität verbesserst – und Mikroorganismen für dich arbeiten lässt

In Zusammenarbeit mit Katharina Schulze von wortundwurz.com

Ein guter, fruchtbarer Boden ist das Kapital jedes Gartens. Du erkennst so einen hochwertigen Boden daran, dass er …

— ein ausgewogenes Verhältnis an mineralischen und organischen (Humus-)Bestandteilen mitbringt
— die richtige Menge Wasser und Nährstoffe speichern kann
— Luft an die Wurzeln lässt, aber gleichzeitig den Pflanzen Stabilität bietet
— problemlos zu bearbeiten ist

Unterm Strich heißt das, dass du mit einem guten Boden weniger Arbeit hast und schneller damit fertig bist. Du sparst also viel Zeit und Kraft, musst weniger gießen und weniger Nährstoffe in Form von (künstlichem) Dünger hinzufügen.

Mit der Bodenqualität ist es allerdings so eine Sache – dass sie zunächst einmal perfekt scheint, heißt nicht, dass das für immer so bleibt. Stell dir vor, du hast gerade ein Stück Garten erschlossen, in dem es vorher nur Wildwuchs gab. Im ersten Jahr wächst alles super, der Gartenboden ist sehr nahrhaft, du musst nicht düngen und auch sonst nichts machen – die Ernte ist fantastisch und lässt sich sehen.

Im zweiten Jahr sieht es ähnlich aus: Du pflanzt, säst und erntest. Allerdings sehen die Kartoffeln nicht so gut aus wie im Vorjahr, obwohl du einen anderen Standort gewählt hast. Auch der Kohl wächst nicht mehr so vital. Da fällt dir ein, dass Kohl ein Starkzehrer ist – die Devise lautet also: düngen.

Das dritte Jahr ist eher enttäuschend und der Ertrag kein Vergleich zu den Vorjahren. Der Boden fühlt sich schon ganz anders an, trocknet schneller aus und du musst mehr düngen und gießen.

Ich glaube, du weißt, worauf ich hinauswill, oder? Wenn du nichts unternimmst, damit die Fruchtbarkeit deines Bodens erhalten bleibt und immer nur nimmst – also erntest –, wird dein Boden von Jahr zu Jahr schlechter. Ich höre oft Aussagen wie: „Mein Boden ist leider sehr schlecht" oder „Hier wächst doch eh nichts". Und das, obwohl die meisten Böden in Mitteleuropa sehr gut sind.

Als Zwischenfazit können wir also schon einmal festhalten: Sich ein wenig mit dem Boden zu beschäftigen, lohnt sich. Unter anderem, weil du dann weißt, wie du ihm etwas Gutes tun und seine Qualität erhalten kannst.

Die Grafik auf der nächsten Doppelseite zeigt, wie du dir die Größenverhältnisse der einzelnen Partikel vorstellen kannst und wo der Unterschied zwischen schweren und leichten Böden liegt.

Ton
< 0,002 mm

Schluff
0,002–0,062 mm

Schwerer Boden

· Hoher Anteil kleiner Korngrößen
· Gefahr von Staunässe
· Zu schwere Böden profitieren vom Humusaufbau

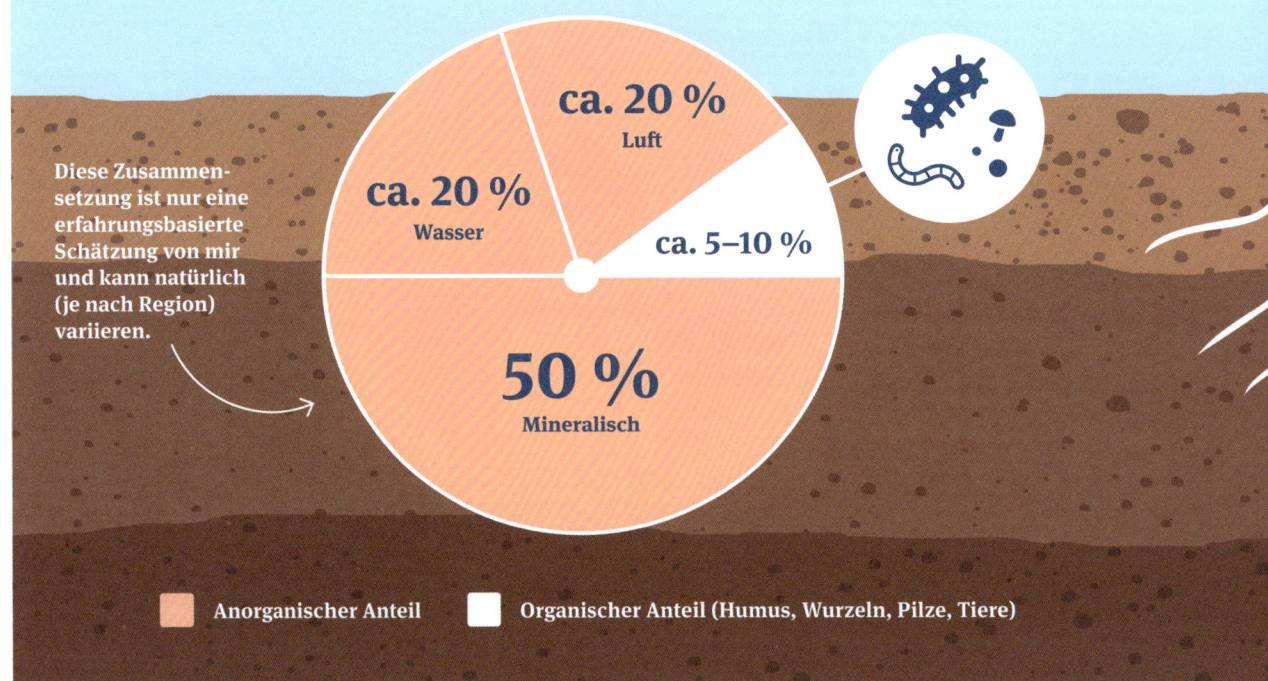

Diese Zusammensetzung ist nur eine erfahrungsbasierte Schätzung von mir und kann natürlich (je nach Region) variieren.

ca. 20 %
Luft

ca. 20 %
Wasser

ca. 5–10 %

50 %
Mineralisch

Anorganischer Anteil   Organischer Anteil (Humus, Wurzeln, Pilze, Tiere)

Sand
0,0063–2 mm

Kies
0,2–6,3 cm

Leichter Boden

· Hoher Anteil größerer Korngrößen
· Kann Wasser und Nährstoffe schlecht speichern
· Zu leichte Böden profitieren vom Humusaufbau

Was ist eigentlich Boden?

Mal ganz von vorne: Boden besteht aus mineralischen Anteilen in verschiedener Korngröße. Von Ton mit weniger als 2 Mikrometer über Sand bis hin zu faustgroßen Steinen ist alles vertreten. Dazu gesellen sich totes organisches Material (Pflanzen- und Tierreste) und lebende Organismen wie Bakterien, diverse Mikrolebewesen, Würmer, Schnecken, Asseln, Ameisen und natürlich Pilze. Diese Organismen zersetzen das organische Material und verbinden es durch die Verdauung mit den Tonanteilen, wodurch der sogenannte Ton-Humus-Komplex erst entstehen kann.

Ein „leichter Boden" hat viele gröbere Anteile wie z. B. Sand und kann daher Wasser nicht so gut speichern. Das Gegenteil ist ein „schwerer Boden", der Wasser schon fast zu gut speichert – so gut, dass es zu Staunässe kommen kann. Steinige Böden enthalten, wie der Name sagt, zu viele Steine, die die Bearbeitung erschweren. Wer schwere Böden hat, muss umso bedachter arbeiten, denn die Böden „waschen" sich nicht so schnell aus. Das kann mitunter auch von Vorteil sein, wenn mal etwas schiefläuft, z. B. durch eine Überdüngung. Sandige Böden verzeihen dementsprechend mehr, da die Haltekapazität geringer ist, wodurch wiederum aber teilweise mehr zugeführt werden muss.

Den vorhandenen Boden zu verändern, ist eine zeitintensive Angelegenheit, die sich aber lohnen kann. Die einfachste und günstigste Art ist es, dem Boden organische Anteile hinzuzufügen. Das geht entweder im Lauf der Zeit z. B. mit eigenem Kompost und Mulch, oder aber durch den Zukauf von sehr viel Kompost aus einem Kompostwerk. Hier solltest du jedoch wissen, dass meistens ein gewisser Anteil an Plastikpartikeln in dem gekauften Kompost sein kann. Die organischen Anteile sorgen dafür, dass der Boden Wasser und Nährstoffe besser speichern kann und fördern das Bodenleben. Theoretisch ist es außerdem möglich, zu sandige Böden mit Lehm oder zu lehmige Böden mit Sand (und zusätzlich zum Humusaufbau) aufzubessern. Das ist jedoch je nach Beetfläche mit viel Arbeit und Geld verbunden.

Lerne deinen Boden kennen

Wie erwähnt, sind die meisten unserer Böden so gut, dass du damit arbeiten kannst. Dementsprechend ist es wichtig, den eigenen Boden kennenzulernen, bevor du massenweise Lehm, Sand oder Humus beschaffst. Hier einige mögliche Schritte, wie du mehr über den Boden in deinem Garten herausfindest:

1 → Mach den Erdpresstest: Nimm mit einer Hand etwas feuchten Gartenboden und versuche, die Erde länglich zu formen. Zerbröckelt dir der Boden direkt wieder zwischen den Fingern, ist er wahrscheinlich zu sandig. Fühlt die Erde sich schlammig und matschig an, ist er wohl zu schwer.

Mit diesem einfachen Test kannst du deinen Boden kennenlernen: Nimm eine Handvoll Erde, drück sie fest zusammen und forme sie länglich. Wie sieht das Ergebnis aus (siehe S. 86)?

2 → Wenn du nicht weißt, wie das Grundstück vorher genutzt wurde und dir Sorgen machst, dass sich Schadstoffe im Boden befinden könnten, dann lass eine Bodenanalyse erstellen. Zusätzlich kannst du den NPK-Gehalt testen lassen, um zu erfahren, wie es um die Nährstoffe in deinem Boden bestellt ist – genauer gesagt, um Stickstoff (N), Phosphor (P) und Kalium (K). Am besten lässt du zum Start einen „großen Test" machen. (Die Kosten dafür liegen bei ca. 75 €.) Hierbei wird u. a. auf Mikronährstoffe getestet, da diese enorm wichtig für den Stoffwechsel der Pflanze sind. Ebenfalls ermittelt werden der pH-Wert und der Humusanteil. Ein pH-Test gibt dir Auskunft, ob ein Boden eventuell zu sauer oder zu basisch ist. In beiden Fällen kannst du entgegenwirken, um einen neutralen Bodenwert zu erhalten.

Ein Test spart nicht nur Geld, da du eventuell unnötig düngst. Er kommt auch der Pflanzengesundheit zugute, da Pflanzen, wie wir Menschen, ebenfalls zu viel aufnehmen und dadurch krank werden können.

Ein guter pH-Wert für die meisten Nutzpflanzen liegt zwischen 6 und 7,5.

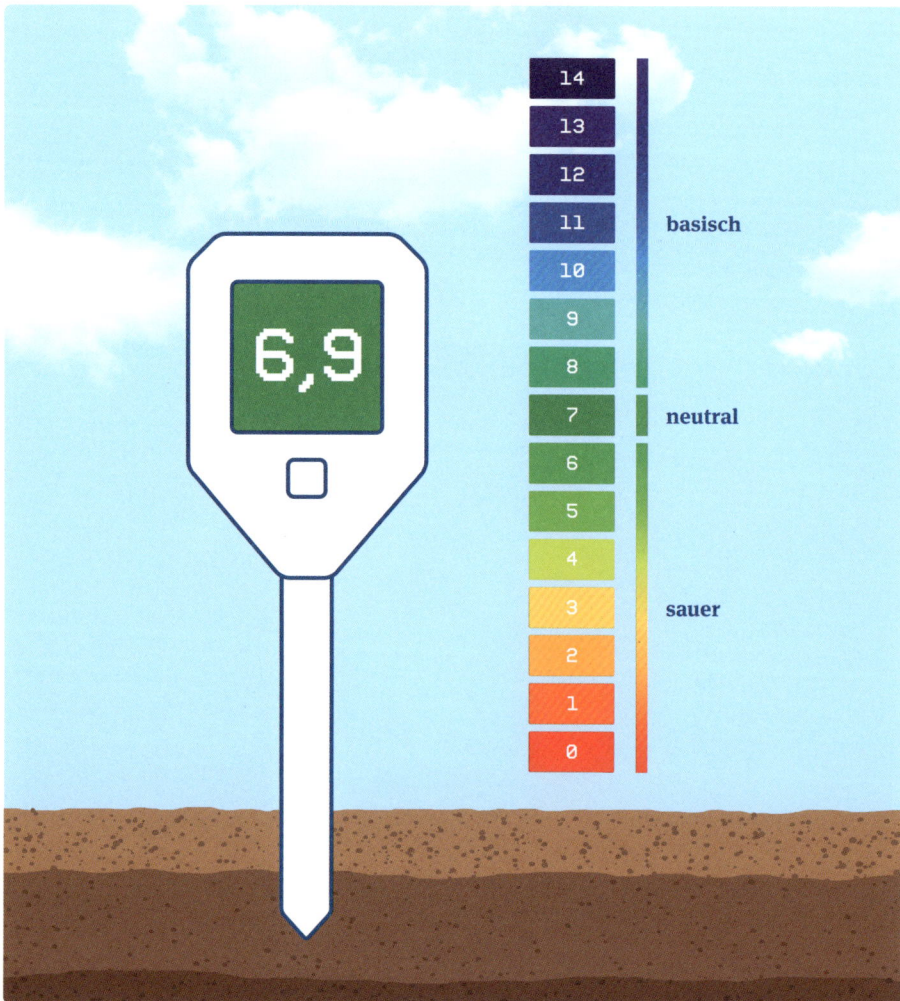

3 → Ein Blick darauf, was andere in der Region anbauen, ist immer sinnvoll. So erfährst du beispielsweise, welche Sorten besonders gut funktionieren und welche Kulturen immer Probleme bereiten.

4 → Mach einen simplen Geruchstest: Der Boden sollte im Idealfall nach „Wald-Erde" riechen, aber keinesfalls muffig oder anderweitig unangenehm.

5 → Schau dir die Konsistenz an: Der Boden sollte im Idealfall aus Krümeln bestehen und optisch wie verklebtes Popcorn oder Streusel vom Streuselkuchen aussehen. Verdichteter bzw. kaputter Boden „bricht" kantig, ähnlich wie Schokoladenbruch, und ist bei Trockenheit knüppelhart.

Dann ist da natürlich noch der Langzeittest: Pflanze 1–2 Jahre Gemüse an und schau, was gut funktioniert bzw. wo es Probleme gibt, und versuche diese zu beschreiben. (Ein Gartenbuch zu führen, ist sehr hilfreich.)

So verbesserst du deinen Boden

Zugegeben: Bodenverbesserung ist eine etwas fortgeschrittene Disziplin, aber machbar. Am wichtigsten ist es, fortlaufend organisches Material in den Boden zu bekommen und den pH-Wert im Auge zu behalten. (Wir erinnern uns: zu sauer oder basisch schadet dem Stoffumsatz und den Pflanzen.) Immerhin entnimmst du ja auch eine Menge und das vorhandene organische Material verrottet mit der Zeit.

Wieder gibt es einige Möglichkeiten, wie du vorgehen kannst:
1 → Wenn du ein Stück ganz neu anlegt hast und weißt, dass der Humusanteil gering ist, kann es sehr sinnvoll sein, eine größere Menge Kompost zu besorgen und ihn 2–3 cm tief einzuarbeiten – ggf. mit der Hilfe von Maschinen. Ja, dadurch werden das Bodenleben und die Schichten einmalig gestört. Aber beides baut sich wieder auf und du hast eine gute Basis geschaffen.

2 → Bringe im Frühjahr vor der Bodenbearbeitung eine Schicht eigenen Kompost auf die Beete auf und arbeite ihn z. B. mit einem Sauzahn ein .

3 → Sorge dafür, dass der Boden gemulcht ist, z. B. mit abgetrocknetem Grasschnitt (Gras, Gänseblümchen, Löwenzahn, Brennnesseln etc. – die aber noch keine Samen ausgebildet haben sollten). Das erledigst du am besten ab dem Frühjahr, wenn die Böden sich schon etwas erwärmt haben. Regenwürmer holen sich die Pflanzenstücke in den Boden und legen ihre Eier in die Streuschicht. Dieses Material wandert also erst durch den Wurm und wird dann zu wertvollem organischem Material. Außerdem sind die Böden so besser geschützt. Bei der Menge kommt es darauf an, wie viel Mulchmaterial du gerade zur Verfügung hast. Du kannst ruhig einige Zentimeter Mulch aufbringen, aber wenn das gerade nicht drin ist, tut es auch weniger. Fallen im Herbst Blätter auf die Beete, lasse ich sie genau wie andere Pflanzenreste einfach liegen. Achtung: Walnussblätter sind hier die Ausnahme. Sie sollten nicht auf den Beeten liegenbleiben (siehe S. 41).

4 → Gründüngung ist ebenfalls eine gute Methode, organisches Material in den Boden zu bekommen. Die Pflanzen, z. B. Phazelia und Wick-Roggen, lässt du 10–20 cm hoch wachsen, rodest sie dann und arbeitest sie in den Boden ein. Neben den oberirdischen Pflanzenteilen bildet sich viel Wurzelmasse, die mit der Zeit auch im Boden verrottet. Sonnenblumen bilden sehr tiefe Wurzeln und lockern selbst verdichtete Böden. Von Gelbsenf ist wiederum in den meisten Fällen abzuraten, da er den Boden saurer macht – nur so gelangt er an Nährstoffe.

5 → Bodenleben förderst du, indem du auf jegliche Art von Gift verzichtest und organischen Dünger mineralischem vorziehst. Außerdem solltest du den Boden so wenig wie möglich bearbeiten, denn Umgraben (wendende Bodenbearbeitung) ist schlecht für Kleinstlebewesen und Pilze. Wenn es sich um eine einmalige Bearbeitung handelt (siehe Empfehlung oben), ist die „Störung" aber zu verschmerzen und der langfristige Nutzen mitunter größer.

Wie das Bodenleben für dich arbeitet

Auf und in einem Kubikmeter gesundem Boden leben 30 Hundertfüßer, 30 Asseln, 50 Spinnen, 50 Schnecken, 100 Zweiflüglerlarven, 100 Käfer und ihre Larven, 100 Doppelfüßer und 100 Regenwürmer. Sie alle zählen zur Makrofauna, sind also mit bloßem Auge sichtbar. Außerdem leben hier 30.000 Weißwürmer, 50.000 Springschwänze und 70.000 Milben. Ist der Boden gesund, befinden sich in einem Kubikmeter also mehr Lebewesen als in einer Kleinstadt.

Diese Gemeinschaft lebt ebenso komplex wie wir Menschen: Es werden Tunnel gebaut, Straßen angelegt und Ressourcen recycelt. Spinnen jagen Käfer, die mühevoll gehegte Pflanzen vertilgen wollen, Würmer graben u. a. Tunnel, die den Boden belüften und aufnahmefähig für Wasser machen. Die Asseln bilden den Rundum-Trupp zur Beseitigung abgestorbener Substanz und Laufkäfer vertilgen Schneckeneier.

Ohne diese Arbeiten würden wir in organischer Substanz ertrinken. Durch ihre Ausscheidungen düngen all diese Lebewesen gleichzeitig den Boden und tragen so zur Bildung von Dauerhumus bei.

Im Boden wird also rund um die Uhr recycelt, gejagt und weitergearbeitet. Die organische Substanz, sogenannte Streu, wird von der Mesofauna (Bodentiere mit einer ungefähren Größe von 0,3–3 mm) weiter zerkleinert und als Lebensraum genutzt. Allerdings sind diese Bodentiere schlechte Futterverwerter, weshalb ihre Ausscheidungen die Nahrung für die Folgezersetzer darstellt.

Die bereits erwähnten Milben leben allerdings nicht alle vegetarisch; viele von ihnen sind Jäger. Raubmilben jagen beispielsweise Spinnmilben. Durch ihre Hilfe können wir also rein biologisch unsere Pflanzen schützen und so Ertragsverluste reduzieren. Schaffen wir einen geeigneten Lebensraum, siedeln sie sich dauerhaft an und zeigen sich durch Pflanzenschutz erkenntlich.

Die kleinsten Vertreter sind die der Mikrofauna und Mikrofunga. Wären diese Lebewesen so groß wie die Mitglieder der Megafauna, bräuchten wir mehrere Erden, um die Vertreter eines Kubikmeters unterzubringen. Es handelt sich um 100 Millionen Algen, 100 Milliarden Pilze, 10 Billionen Strahlenpilze und 100 Billionen Bakterien. Manche sind beteiligt an der Zersetzung, andere leben allerdings auch in Symbiose mit unseren Pflanzen oder betreiben selbst Photosynthese (Algen).

Die Welt der Mikroorganismen liegt für uns meist im Verborgenen. Leider sehen wir ihre Arbeit nicht so unmittelbar wie z. B. den aufgeschütteten Haufen eines Regenwurms. Dennoch ist ihre Leistung beachtlich und wichtig für unser Überleben, da sie wichtiger Teil des Bodenlebens sind.

Wir sehen zwar rein gar nichts davon, aber: In jedem noch so kleinen Stück Boden geht es richtig rund.

Die Extraportion Nährstoffe: Düngen

Das Wort Dünger ist in der Gesellschaft inzwischen negativ vorbelastet – bei dir auch? Sobald das Wort fällt, beginnt das Kopfkino mit reiner, synthetischer Chemie, blauen Körnern etc. Um solchen Assoziationen vorzubeugen, könnte ich das Ganze ab jetzt auch „Pflanzennahrung" nennen, sehe aber eigentlich keinen Grund dazu. Denn: Dünger ist nichts Böses. Schließlich entnehmen wir viel aus dem Boden und müssen dementsprechend wieder etwas hinzufügen. Dazu kommt, dass viele unserer Nutzpflanzen besondere Bedürfnisse haben – die sich eben nur mit etwas Hilfe von außen decken lassen.

Auch folgende Aussage möchte ich nicht so stehenlassen: „Organische Dünger sind gut, mineralische Dünger sind schlecht." Denn Gesteinsmehl oder andere Bodenhilfsstoffe sind auch mineralisch und doch verwende ich sie bei Bedarf sehr gerne. Dem gegenüber stehen mineralische Düngemittel, die synthetisch hergestellt werden und als wasserlösliche Salze vorliegen. Solche Dünger versorgen zwar die Pflanzen, sind aber oft schädlich für das Bodenleben und lassen sich nicht eigenhändig herstellen. Ich versuche allerdings, einen Teil meiner Düngemittel selbst zu erzeugen.

Welche Dünge-Möglichkeiten gibt es?

Die organische und mineralische Düngung in Form von Mulch bzw. Streu ist eine Langzeitdüngung: Die Substanz muss erst durch das Bodenleben zersetzt und eingearbeitet werden, sodass sie entsprechend langsam und gleichmäßig in den Boden gelangt. Zu den geeigneten Substanzen zählen auch Hornspäne, Algenkalk, Gesteinsmehle, Wolle, Stroh, abgetrockneter Rasenschnitt oder Holzhäcksel. Nur Heu ist mit Vorsicht zu genießen, denn darin sind viele Samen enthalten, wodurch du wieder mehr Zeit ins Jäten investieren musst.

Am besten ist eine Mischung aus organischen Materialien. Dann ist das Buffet vielfältig gedeckt, wodurch viele Lebewesen und unsere Pflanzen ernährt werden. Küchenabfälle sind ebenfalls hervorragend geeignet, z. B. die Abschnitte von Karotten oder Salatblättern. So gehen sie nicht den „Umweg" über unseren Gartenkompost und es muss weniger von außen eingebracht werden.

Schneidest du z. B. Kohl oder Blumen, kannst du den Schnitt einfach vor Ort liegen lassen. Diese Flächenkompostierung spart Arbeit und die Nährstoffe gelangen wieder dorthin, wo sie punktuell entnommen wurden.

Jauchen sind hervorragende Dünger und sparen uns viel Geld, auch der Geruch lässt sich durch eine Hand voll Urgesteinsmehl ganz einfach reduzieren. Allerdings sind sie, wie alle Flüssigdünger, sofort für die Pflanze verfügbar. Das heißt: Es ist eine Überdüngung möglich. Jauchen sollten also nur eingesetzt werden, um das Wachstum gezielt zu fördern (z. B. Frühjahrsdüngung von Zwiebelgewächsen) oder wenn Pflanzen erste Mangelerscheinungen zeigen.

DIY-Brennnesseljauche

Pflanzen zu verjauchen ist ein gutes Mittel, sich selbst mit einem effektiven Dünger zu versorgen. Dafür benötigst du nicht einmal Tiere, welche dir die Rohstoffe liefern, sondern nur etwas Platz im Garten, wo z. B. die Brennnesseln wachsen können.

Ich fülle zu dem Zweck einen Eimer aus Kunststoff mit grob zerkleinertem Pflanzenmaterial (Blättern und Stielen) – also z. B. Brennnesseln, Beinwell oder Giersch. Metalleimer sind hierfür nicht so gut geeignet, da es ja nicht zu chemischen Reaktionen während der Verjauchung kommen soll.

Je nach Jahreszeit mische ich die Materialien, die gerade da sind, wobei die Brennnesseln immer den Hauptteil ausmachen. Ich fülle den Eimer so weit mit Wasser auf, dass das Pflanzenmaterial vollständig bedeckt ist.

Jetzt kommt noch eine Abdeckung auf den Eimer, z. B. ein Brett oder ein Deckel – aber immer so, dass noch Luft an die Mischung kommt. Wichtig ist, dass kein Regenwasser die angesetzte Jauche verdünnen kann und keine Insekten oder andere Tiere darin ertrinken können.

Den Eimer stelle ich dann an einen warmen Ort im Garten – also nicht gezielt in den Schatten. Bis die Jauche einsatzbereit ist, dauert es ca. 2–3 Wochen. In der Zwischenzeit ist es wichtig, sie einige Male umzurühren, um den Verjauchungsprozess zu fördern.

Ist die Jauche fertig, kannst du die verbliebenen Pflanzenteile absieben und als Mulch auf den Beeten verteilen. Die Jauche solltest du vor dem Gebrauch verdünnen. Ich nutze hier ein ungefähres Mischungsverhältnis von 1:10 mit Wasser, wenn ich damit gießen möchte, und sogar 1:20, wenn die Jauche als Blattdüngung auf die Blätter gesprüht wird. Hast du noch Jauche übrig, kannst du sie auch einige Monate (oder über den Winter) aufbewahren. Aber Achtung: Bitte nicht in Flaschen oder Gläser mit Schraubverschluss füllen und zudrehen! Die Gase, die sich noch bilden können, würden den Innendruck erhöhen und im schlimmsten Fall das Glas zum Platzen bringen.

Haben Pflanzenjauchen einen angenehmen Geruch? Natürlich nicht, aber ich persönlich finde ihn gar nicht mal so übel. Und wenn du etwas Urgesteinsmehl in die Mischung gibst, sollte das den Geruch minimieren.

Du willst dir das Ganze in Ruhe ansehen? Über den **QR-Code** gelangst du zum Video, in dem ich erkläre, wie ich die Jauche herstelle.

Ganz wichtig: Trage die Jauche nicht unverdünnt auf.

Ein „Zuviel" macht nicht nur uns Menschen krank, es schadet auch Pflanzen. Dadurch werden diese wieder anfälliger für Krankheiten, da beispielsweise die Zellstruktur zu „locker" ist, was es Insekten und Pilzen leichter macht, einzudringen.

Ein gutes Beispiel für einen Nährstoffmangel (zu wenig Dünger) bzw. -überschuss (Überdüngung) ist bei vielen Pflanzen der Stickstoff-Haushalt (N). Hat z. B. eine Tomatenpflanze zu wenig Stickstoff, werden die Blätter hell und dann sogar gelb. Zuerst zeigt sich das bei den älteren, unten liegenden Blättern. Wird nichts gegen den Stickstoffmangel unternommen, sind auch die Blätter gelb, die sich neu bilden. Das Wachstum ist stark gehemmt und im schlimmsten Fall stirbt die Pflanze. Ein Stickstoffmangel kann bereits im Jungpflanzenstadium auftreten, aber auch jederzeit später, wenn die Reserven im Boden aufgebraucht sind.

Einen Stickstoffüberschuss wiederum erkennst du an unnatürlich dunklen Blättern, die sich teilweise auch einrollen. Sobald der Überschuss an Stickstoff aufgebraucht ist, sehen neue Blätter wieder normal grün aus. Um dies zu beschleunigen, kannst du etwas Kraft in Seitentriebe umleiten, die du sonst entfernen würdest – in der Praxis lässt du einige Geiztriebe wachsen und schneidest sie wieder ab, sobald der Überschuss an Stickstoff aufgebraucht ist.

Meine eierlegenden Düngerlieferantinnen

Ich habe seit ca. 8 Jahren Hühner – immer eine kleine Gruppe von 3–4 Hennen, direkt hinter meinem Wohnhaus in einem ganz normalen Wohnviertel. So eine kleine Gruppe kommt super ohne einen Hahn aus und niemand aus der Nachbarschaft stört sich daran. Ich setze auf gesunde, unempfindliche und friedliche Landhuhn-Rassen, die auch im Winter mit der Kälte sehr gut auskommen und keinen isolierten Stall benötigen. Genauer gesagt, halte ich vorwiegend Vorwerkhühner in Kombination mit Maran, Bresse und Schwedischen Blumenhühnern.

Genau wie mit einem Garten gibt es bei der Tierhaltung ein paar Dinge, die man erst mit der Zeit lernt. Das Erste, was ich an meiner Denkweise gegenüber den Hühnern ändern musste: Sie sind keine Haustiere wie Hunde und wollen auch nicht ständig bespaßt werden. Ich lasse sie morgens aus dem Stall, gebe ihnen Wasser und Futter und wenn es abends zu dämmern beginnt, sitzen sie auf der Stange; ich muss nur noch den Stall schließen. Den Rest des Tages beschäftigen sie sich sehr gut mit ihrem eigenem „Hühnerbusiness". Die Hennen dürfen bei uns alt werden und bekommen Namen – ein bisschen „Haustier" sind sie dann also doch.

Praktischerweise helfen sie mir auch dabei, Nahrung loszuwerden, die ich allein nicht mehr verwerten kann: Küchenreste wie Salatblätter, aber auch Nudeln, trocken gewordenes Brot oder übriggebliebener Reis sind sehr beliebt bei meinen Hennen. Andersherum liefern sie mir Eier – und bei 4 Hennen ab dem Frühjahr nicht zu wenige.

Ein weiterer großer Vorteil ist aber natürlich, dass meine Hühner fleißig Nährstoffe für meinen Boden bzw. die Pflanzen liefern. Um den Dünger zu gewinnen, sammle ich das Stroh mit dem Hühnerkot in Eimern. Dieses wird dann in Wasser eingeweicht und sehr stark verdünnt – schon habe ich einen sehr guten, schnell wirkenden Flüssigdünger. Wichtig ist nur, diesen Flüssigdünger nicht vor der Pflanzung in den Boden zu geben, da er ohne die Pflanzen, die ihn aufbrauchen, einfach ausgewaschen würde und sogar ins Grundwasser gelangen kann. Bei gerade gesetzten Jungpflanzen könnte er ebenfalls zu stark sein – aus dem Grund auch die hohe Verdünnung mit Wasser mindestens im Verhältnis 1:10.

Falls du nun – oder schon länger – mit dem Gedanken spielst, selbst Hühner zu halten, gibt es ein paar Dinge, die du beachten solltest:

— Halte niemals nur einzelne Hühner.

— Hühner regeln ihre Hackordnung selbst. Es gibt aggressive Rassen und Individuen, aber mit den erwähnten Rassen hatte ich da bislang nie Probleme. Ein neues Tier in der Gruppe hat es am Anfang immer schwer und wird schon mal gehackt oder gejagt. Aber auch wenn es schwerfällt: Lass die Hühner das unter sich ausmachen. Ich habe von einer Züchterin den Tipp bekommen, neue Tiere mit den alten 1–2 Tage im Stall gemeinsam einzusperren. Das war bei mir aber bisher ebenfalls noch nicht nötig.

— Hühner legen im Winter oder während der Mauser fast keine Eier. Licht im Stall würde sie dazu bewegen, auch in der kalten Jahreszeit zu legen, aber eine Legepause muss eben doch mal drin sein.

— Fütterst du die Hühner mit der Hand, können sie sehr zutraulich werden. Stell deinen Hennen Legenester zur Verfügung, in die sie sich zurückziehen können.

— Informiere dich, ob es an deinem Wohnort Regeln zur Hühnerhaltung gibt.

— Informiere dich, ob es in deiner Nähe eine tierärztliche Praxis gibt, wo deine Hühner im Ernstfall behandelt werden können.

— Schütze deine Hühner vor Raubvögeln. Viele Bäume und Sträucher können genauso helfen wie ein Vogelschutznetz.

— Schütze deine Hühner vor Füchsen, Mardern und anderen Raubtieren. Diese greifen zwar meistens nachts an, sind aber auch tagsüber manchmal unterwegs. Ein Stall muss Füchsen und Mardern standhalten und der Auslauf sollte durch einen Zaun gesichert sein.

— Da Hühner sehr pflegeleicht sind, ist es erfahrungsgemäß nicht so schwer, Menschen zu finden, die sich in der Urlaubszeit um die Tiere kümmern.

— An der Aussage, dass Hühnerfutter Ratten anlockt, ist leider etwas Wahres dran. Es gibt allerdings spezielle Futterstationen, die sich erst öffnen, wenn sich die Hühner auf eine Klappe stellen.

Zu guter Letzt: Vielleicht hast du schon einmal von der lobenswerten Initiative „Rette das Huhn" gehört, die Hühner aus schlechter Haltung in die private Haltung vermittelt. Super Sache, aber ich würde trotzdem empfehlen, erst einmal mit unempfindlichen Rassen zu beginnen und später erst „Problemhühner" (also stark hochgezüchtete und dementsprechend krankheitsanfällige Rassen) aufzunehmen, falls das für dich in Frage kommt.

Einfach mal (fast) alles auf den Haufen werfen: Kompost

Gartenkompost ist das „schwarze Gold" und sollte entsprechend umsorgt werden. Konkret heißt das, dass ein paar Dinge am besten zu vermeiden sind: übermäßig viele Schalen von Zitrusfrüchten, ebenso Walnusslaub oder Lebensmittelreste, die mit Pflanzenschutz behandelt wurden. Der Pflanzenschutz braucht unter Umständen sehr lang, um die Wirksamkeit zu verlieren – so gelingt der Umsatz durch die Kompostlebewesen nur schwer. Im Extremfall findet die Zersetzung kaum statt und durch den Kompost werden diese Mittel in unsere Beete getragen. Was die Lebensmittelreste angeht, verzichtest du besser auf alles, was für Ratten attraktiv sein könnte: überreifes Obst, Reste von Nüssen oder Getreide. Diese Überbleibsel gibst du, genau wie gejätete Beikräuter, die keimfähige Samen gebildet haben, in einen abgeschlossenen Thermokomposter.

Damit die Zersetzung am besten gelingt, sollte der Kompost außerdem möglichst luftig und feucht sein, nur nicht nass oder matschig. Ist er zu trocken, fühlen sich die Lebewesen nicht wohl. Ist er zu kompakt, modert der Kompost vor sich hin, was ebenfalls nicht das Ziel ist.

Dementsprechend sollte der Kompost schattig stehen oder mit Stroh bedeckt werden, um die Feuchtigkeit zu halten. Ist es sehr lang trocken, bietet sich das Wässern mit der Gießkanne an.

Die optimale Belüftung erreichst du, indem du den Kompost richtig schichtest. Das bedeutet zum Beispiel: Liegt eine Schicht sehr matschigen Materials auf, z. B. Rasenschnitt, solltest du eine Schicht von holzigen Substanzen zwischenlegen. Hierzu eignen sich z. B. Holzhäcksel, Stroh oder verholzte Pflanzenteile von Sträuchern.

Der Kompost kann zudem bewusst aufgebessert werden. Hierzu eignen sich Urgesteinsmehl oder auch Algenkalk, das bzw. der in dünnen Puderschichten wie auf einer Waffel aufgebracht wird. So ist diese Düngung bereits mit im Kompost enthalten – das erspart dir die Ausbringung per Hand in den Beeten. Die groben Bestandteile sorgen zudem für eine zusätzliche Belüftung.

Sollte der Kompost nicht komplett zersetzt sein – weil das z. B. bei holzigen Teilen länger dauert –, ist das nicht schlimm. Diese Stücke können problemlos mit auf die Beete, dort werden sie weiter zersetzt und füttern entsprechend die Lebewesen vor Ort. Zusätzlich spart es dir viel Zeit, die du sonst mit dem Sieben verlieren würdest.

Neben meinem Komposthaufen wächst u. a. Kohl.

Immer häufiger kommt die Frage, ob der klassische Komposthaufen überhaupt noch zeitgemäß ist. Warum nicht einfach auf Flächenkompostierung setzen? Dabei werden Pflanzen und Erntereste genau wie gehäckselter Heckenschnitt und andere Mulchmaterialien direkt auf den Beeten verteilt, wo sie an Ort und Stelle das Bodenleben versorgen. Im Idealfall bewirkt der Kompost zudem, dass diese wertvollen Gartenhelfer auch im Herbst und Winter bis zur neuen Saison genug Futter haben und im Frühjahr immer noch da sind.

Also: Komposthaufen oder Flächenkompostierung? Auf diese Frage gibt es keine eindeutige Antwort und wie so oft ist der Mittelweg eine gute Lösung. Bei einem Komposthaufen hast du, wenn dieser gut umgesetzt ist, Zugriff auf viel Material, das du zum Beispiel nutzen kannst, um Töpfe oder Hochbeete teilweise zu befüllen. Auch wenn du ein Beet gezielt mit Kompost aufwerten möchtest, ist es von Vorteil, diesen einfach von einer bestimmten Stelle entnehmen zu können. Auf der anderen Seite braucht ein Komposthaufen Pflege und auch Zeit.

Ich persönlich behalte meinen Komposthaufen auf jeden Fall bei, allerdings in Kombination mit direkter Flächenkompostierung. Jäte ich viele Beikräuter bei feuchter Witterung, dann ist es mir lieber, wenn diese erst auf einem Haufen verrotten. Wenn ich sie ausreiße und im Beet lasse, ist die Gefahr hoch, dass sie wieder anwurzeln.

Totholz im Garten

Viele Tiere sind direkt oder indirekt auf Totholz angewiesen. Dazu zählen zum Beispiel Insekten, die dir als Nützlinge im Garten helfen, oder Vögel, für die die energiereichen Insektenlarven eine wichtige Futterquelle sind. Auch zahlreiche Pilze finden sich in abgestorbenem Holz. Durch die Zersetzung gelangen zudem wieder Nährstoffe und Kohlenstoff in den Boden, wovon angrenzende Beete oder Blühflächen profitieren. Zudem ist Totholz bei fortschreitender Zersetzung ein guter Wasserspeicher. Eine Totholzecke im eigenen Garten ist also aus verschiedenen Gründen eine gute Idee, vor allem, weil natürliche Totholzvorkommen immer seltener werden.

Am wertvollsten ist dabei aufrechtstehendes Totholz. Hier herrschen andere klimatische Bedingungen als bei feucht-kühlem, liegendem Holz, was wiederum für andere Bewohner sorgt. Das Bohren von Löchern ist dabei völlig überflüssig, da Insekten diese Arbeit verrichten und so Quartiere für Nachmieter schaffen. Ein wunderschöner Vertreter wäre hier die Holzbiene.

Wenn du also mitbekommst, dass in der Nachbarschaft, im Freundeskreis oder der Familie Holz aus dem Garten anfällt, weil zum Beispiel ein Baum gefällt werden musste: Frage am besten gleich, ob du dir etwas von dem Holz für deinen Garten holen darfst. Natürlich kannst du auch gleich präventiv deinen Bedarf vorher anmelden, dann wird man an dich denken. Vielleicht kannst du die Leute ja sogar davon überzeugen, selbst etwas Holz in ihrem Garten zu lassen und dadurch Lebensraum für Insekten und Co. zu schaffen.

Besonders wertvoll und als Lebensraum begehrt, allerdings auch seltener, sind dabei Laubhölzer. Diese Holzarten lassen den Boden nicht so sauer werden wie z. B. Nadelholz, bei dem du später wieder durch Kalken ausgleichen musst. Dennoch ist auch Nadelholz ein wichtiger Bestandteil des Ökosystems und wie immer kommt es auf die Dosis an.

Totholz ist einerseits ein Lebensraum für Insekten und andererseits ein wertvoller Wasserspeicher.

Ein paar Erfahrungen

Mein erklärtes Ziel ist es, aus der bestehenden Gartenfläche super Erträge herauszuholen, dabei aber Zeit und Arbeit zu sparen – schließlich bin ich kein Vollzeit-Gärtner. Beides gelingt mit etwas Planung, Experimentierfreudigkeit und einem Blick über den eigenen Gartenzaun. Viele dieser Methoden werden auch in Gemüsegärtnereien angewendet und lassen sich einfach im heimischen Garten nachmachen.

Planung ist vieles, aber nicht alles

Ein Gartenjahr von vorne bis hinten durchzuplanen, hat erst einmal nicht viel mit der Idee vom entspannten Gärtnern zu tun. Du wirst sehen, dass der vermeintlich perfekte Plan in der Praxis meistens eh nicht funktioniert. Besonders am Anfang sind zu streng gesetzte Ziele eher demotivierend, weil so schnell der Eindruck entsteht: „Das schaffe ich nie." Betrachte die verschiedenen Methoden zur Ertragssteigerung deshalb einfach als Bausteine, die du teilweise direkt, teilweise erst nach und nach anwenden kannst. Ein gutes Beispiel dafür ist das Thema Beetplanung (siehe S. 35). Im Lauf der Zeit wirst du hier eine deutliche Veränderung beobachten.

Denn während der Plan für ein Beet am Anfang so aussehen könnte ...
— Kohlrabi (März)
— Tomaten (Mitte Mai)
— Feldsalat (nach den Tomaten)

... entwickelt er sich nach einiger Zeit vielleicht so:
— März: Kohlrabi; frühe Sorte ‚Delikatess Witte' + Kopfsalat ‚Maikönig'
— Mitte Mai: Freiland-Tomatensorten ‚Sunviva' und ‚Sasha Altaï' plus Basilikum ‚Genoveser' und die rotblättrige Sorte ‚Rosara'
— Oktober: Feldsalat ‚Elan' plus Winterportulak plus Asiasalat ‚Green in Snow'

Mit anderen Worten: Es wird sich nicht nur dein Fokus auf bestimmte Sorten ändern, die zum Beispiel besonders geeignet für eine bestimmte Jahreszeit sind. Gleichzeitig wirst du den Raum durch Mischkulturen auch besser nutzen. Die bessere Raumnutzung bedeutet wiederum weniger Arbeit, da so Beikräuter unterdrückt werden.

Natürlich könnte die Entwicklung deines Beetplans aber auch völlig anders aussehen. Einige der im folgenden vorgestellten Methoden werden sehr gut in deinen Garten passen, andere gar nicht. Du musst entscheiden, was du gerne ausprobieren möchtest.

Als ich begonnen habe, mich intensiver mit dem Anbau von Gemüse zu beschäftigen, habe ich ein Gartenjahr wie ein Kalenderjahr gesehen: von Januar bis Dezember. Schnell habe ich mich aber von dieser Denkweise verabschiedet und sehe meinen Garten als ein fortlaufendes Projekt mit jährlich wiederkehrenden Routinen. Allerdings ohne festen Anfang oder festes Ende, denn für mich ist es sehr wichtig, in jedem Monat des Jahres etwas ernten zu können – nicht nur in den ertragreichen Monaten von April bis Oktober.

Tomatenhaken: Mehr als doppelt so viel ernten – mit einem kleinen Stück Metall

Tomatenhaken sind ein gutes Beispiel dafür, dass du ohne viel Aufwand und Kosten deutlich mehr aus einer Pflanze herausholen kannst. Sie kommen eigentlich aus dem Erwerbsanbau und werden in riesigen Gewächshäusern verwendet, sind für mich aber auch aus meinem 10-m²-Folientunnel nicht mehr wegzudenken. (Grundsätzlich werden die Haken bevorzugt im geschützten Raum verwendet. Ich habe sie aber auch schon im Freiland gesehen, wo die Spanndrähte an einem Metallgerüst befestigt waren.)

Tomatenpflanzen können sehr hoch werden, sind aber nicht in der Lage, aus eigener Kraft zu stehen. Also müssen sie auf irgendeine Art angebunden und gestützt werden, sei es durch Pfähle, Spiralstangen oder an einer stabilen Schnur, die im Gewächshaus oder Folientunnel an gespannten Drähten über den Tomatenpflanzen befestigt wird.

Hier kommen die Tomatenhaken ins Spiel: Es handelt sich um ein speziell geformtes Stück Metalldraht, auf das einige Meter Schnur aufgewickelt sind. Ihre Form erlaubt es, sie an den gespannten Drähten über den Pflanzen einzuhängen. Dies machst du unmittelbar nach der Pflanzung der jungen Tomaten und lässt so viel Schnur herab, dass diese bis zum Boden reicht. Hier wird sie mit speziellen Clips am Stiel der Tomate befestigt. Wächst die Tomate nun, wickelst du die Schnur alle paar Tage um das neu gewachsene Stück. Dies verhindert sehr zuverlässig, dass die Pflanze umfällt und abknickt. So weit, so gut.

Aber jetzt kommt die eigentliche Magie der Tomatenhaken: Erreicht die Pflanze die Decke des Folientunnels oder Gewächshauses, müsstest du normalerweise die Spitze kappen, da sie sonst gegen die Folie oder das Glas drücken würde. Normalerweise – aber nicht mit den Tomatenhaken. Denn der Haken wird jetzt mitsamt der Pflanze vom Spanndraht abgehängt und, nachdem du etwas Schnur abgewickelt hast, ein Stück weit versetzt wieder an den Draht gehängt.

Der Tomatenhaken wird über den Pflanzen aufgehängt und dann die Schnur herabgelassen.

Am Boden wiederum wird die Schnur mit Clips am Pflanzenstiel fixiert.

Die Pflanze steht zwar jetzt etwas schräg, aber das stört sie nicht und sie kann weiter nach oben wachsen. Dies wiederholst du über die ganze Saison hinweg. (Dieselbe Methode funktioniert übrigens hervorragend mit Gurken.)

Aus Erfahrung kann ich sagen: Es lohnt sich. Wenn ich im Oktober Besuch habe und meine Tomatenpflanzen herzeige, ernte ich ungläubige Blicke, da der Stiel (ohne Blätter) einige Meter auf dem Boden liegt und an einer ganz anderen Stelle nach oben wächst. Nicht selten erreichen meine Pflanzen so Längen von 4 m, obwohl mein Folientunnel gerade einmal 2 m hoch ist. Im Profibereich werden Tomatenpflanzen auch gerne mal über 10 m lang. Auf den 2 zusätzlichen Metern, die ich so gewonnen habe, wachsen laufend neue Blätter, Blüten und Früchte, auf die ich sonst hätte verzichten müssen. In der Grafik unten siehst du die Funktionsweise der Tomatenhaken noch einmal im Überblick.

Befindet sich nach der Tomatensaison noch Schnur auf dem Haken, solltest du diese nicht mehr für Tomaten im nächsten Jahr verwenden, da die Gefahr nicht auszuschließen ist, dass sich hier Pilzsporen angesiedelt haben. Ich nutze die überschüssige Schnur für Bindearbeiten an anderen Pflanzen, wickle aber für die neue Saison immer frische Schnur auf die Haken. Bei der Schnur solltest du auf ein Material setzen, das die nötige Reißfestigkeit mitbringt und für diesen Zweck erprobt ist. Ich nutze Schnüre aus Sisal, Jute (5-fach gewickelt) oder spezielle Bioschnüre – Hauptsache, nicht zu dünn, reißfest und kompostierbar.

Symbolische Darstellung des Tomatenhakens über die Saison

Früher, später, länger: Mehr Ertrag durch geschickte Zeiteinteilung

Bei Ertragssteigerungen geht es nicht nur darum, den Ertrag von einer einzelnen Kultur zu erhöhen, sondern auch das Maximum an Ertrag aus einer zur Verfügung stehenden Fläche herauszuholen. Je mehr Gemüsesorten du in einem Jahr auf dieser Fläche hintereinander anbauen kannst, desto besser. Dazu gehört, eine Kultur so früh wie möglich zu säen oder zu pflanzen und die Zeit bis zur Ernte kurz zu halten, damit du schnell wieder nachpflanzen kannst. Selbstverständlich brauchen Pflanzen ihre Zeit für ein gesundes Wachstum, und die sollen sie auch bekommen. Aber ein paar einfache Tricks können den Unterschied machen, ob du in einem Beet pro Jahr 2 Kulturen hintereinander anbauen kannst – oder 3. Hierbei solltest du immer 3 Aspekte im Hinterkopf behalten:

— So früh anfangen wie möglich (sofern es sinnvoll ist)
— Die Kulturzeit kurzhalten
— Das Erntefenster nach hinten erweitern

Ob das in der Praxis so funktioniert, wie du dir das vorstellst, ist immer vom Wetter und anderen Faktoren abhängig. Früher anfangen geht nun mal nicht, wenn im März noch Eis und Schnee liegen oder der Winter gefühlt schon im September beginnt. Eigene Erfahrungen über das Wachstumsverhalten der Pflanzen helfen dir, solche Pläne erfolgreicher in die Tat umzusetzen. Eine dritte Kultur kann übrigens auch eine Gründüngung sein, von welcher der Boden profitiert.

Früh(er) anfangen

Mit einer Kultur früher zu beginnen, bezieht sich nicht nur auf das Frühjahr. Besonders im Frühjahr bist du jedoch stark vom Wetter und den Temperaturen abhängig. Hier musst du schon genau wissen, mit welchen Pflanzen du früh beginnen kannst und was passiert, wenn diese Frost abbekommen. Achtung: Frost bedeutet nicht zwangsläufig, dass eine Pflanze direkt erfriert – die Folgen treten teilweise erst viel später im Jahr auf. Bekommen eigentlich zweijährige Pflanzen wie Karotten, Zwiebeln, Rote Bete oder Kohlgewächse zur falschen Zeit einen Frostreiz (Vernalisation) mit, glauben sie, bereits im zweiten Jahr zu sein und fangen an zu blühen. Dies ist für uns ärgerlich, da sich auf diese Art keine Karotte, keine Zwiebel oder kein Kohlkopf bildet. Hier ist es wichtig, die richtigen Sorten auszuwählen, da einige besonders gut für einen frühen oder späten Anbau geeignet sind.

Variante 1: Frostschutz
Eine Methode, trotz unvorhersehbarer Wetterverhältnisse früher anfangen zu können, ist die Verwendung eines Frostschutzschutzvlieses. Dieses wird über

das Saatbeet oder die Jungpflanzen gelegt und an den Seiten beschwert, damit es nicht wegfliegt. Unter dem Vlies entsteht ein Mikroklima, welches sich positiv auf den Keim- oder Wachstumsvorgang auswirkt. Möglicherweise sind dies in der Nacht nur 1–2 °C – was aber einen enormen Unterschied ausmachen kann.

Alternativ kannst du auch eine Gewächshausfolie verwenden. Diese sorgt für ein noch angenehmeres Klima, lässt allerdings – im Gegensatz zum Vlies – kein Wasser durch und du musst hin und wieder gießen.

Variante 2: Voranzucht

Riesige Zeitvorteile bringt es außerdem, bestimmte Pflanzen nicht direkt auszusäen, sondern im Haus oder an anderer Stelle vorzuziehen (mehr zur Jungpflanzenvoranzucht ab S. 66). Im Frühjahr, wenn im Freiland die Keimtemperatur für die meisten Pflanzen noch viel zu niedrig ist, beginnst du im Haus, und wenn es dann wärmer wird, kannst du direkt fertige Pflanzen in deine Beete pflanzen.

Sehen wir uns das am Beispiel von Roter Bete an: Wenn du Anfang März mit der Voranzucht beginnst, hast du Anfang April schon Pflanzen, die ca. 5 cm hoch sind und ins Beet dürfen. Säst du erst Anfang April ins Freiland, musst du je nach Temperaturen 3–4 Wochen warten, bis die Pflänzchen genauso groß sind. Entsprechend verzögert sich die Ernte und nachfolgende Gemüsepflanzen finden ebenfalls erst später Platz.

Das trifft aber nicht nur für das Frühjahr zu, sondern auch mitten in der Saison, wenn der Platz noch von anderen Beetbewohnern besetzt ist. Hier kannst du durch Voranzucht ebenfalls viele Wochen sparen, denn nach der Ernte der ersten Kultur musst du nicht erst neu aussäen. (In der Praxis kannst du allein schon aus Platzgründen vermutlich nicht alle Pflanzen vorziehen. Für diesen Fall gibt es aber ja immer noch die Möglichkeit, Jungpflanzen aus Gärtnereien zu kaufen.)

Ein beliebter Anfängerfehler ist es, die Zeit für die Voranzucht nicht einzurechnen. Soll der Rosenkohl Mitte Juni ins Beet? Dann muss die komplette Zeit der Voranzucht berücksichtigt werden. Im Sommer kannst du in diesem Beispiel einen guten Monat einrechnen, von der Aussaat bis zu dem Zeitpunkt, an dem die Rosenkohl-Pflänzchen so groß sind, dass sie ins Beet dürfen.

Variante 3: Frühbeete

Auch Frühbeete geben dir die Möglichkeit, wesentlich zeitiger im Jahr zu beginnen. Es gibt viele verschiedene Bauformen. Einige sehen wie ein Glaskasten aus, bei anderen ist nur das „Dach" aus Glas oder lichtdurchlässigen Kunststoffplatten und die Seitenwände sind aus Holz oder Stein. Das Dach bzw. der Deckel lässt sich aufklappen, damit du einfach von oben an deine Pflanzen kommst.

Ich finde es besonders praktisch, wenn sich so ein Frühbeet-Aufsatz einfach von Beet zu Beet transportieren lässt, dann gibt es auch keine Probleme mit Fruchtfolgen. Da ich meine Beete auf 75 cm angelegt habe, sind Frühbeet-Kästen

Charakteristisch ist bei Frühbeeten der aufklappbare Deckel.

entsprechend so gebaut, dass sie perfekt darauf passen. Genau wie in Gewächshäusern oder Folientunneln (mehr dazu auf S. 113) kannst du mithilfe eines Frühbeets im März schon Kopfsalate, Kohlrabi und anderes Gemüse ernten.

Wie bereits erwähnt, stellt sich die Frage nach einem früheren Start nicht nur im Frühjahr. Hast du zum Beispiel eine Reihe erntereife Rote Beten oder Karotten, könntest du diese über Wochen im Beet stehen lassen und nach Bedarf ernten. Das kann sehr praktisch sein, da du dich erstmal nicht darum kümmern musst. Diese Wochen fehlen dann allerdings den Folgekulturen. Hier solltest du immer von Fall zu Fall entscheiden, was dir wichtiger ist.

Kulturzeit kurzhalten

Steht eine Pflanze statt 90 nur 75 Tage von der Pflanzung bis zur Ernte im Beet, heißt das fast 2 Wochen mehr Beetzeit" für die nachfolgenden Gemüsepflanzen.

Ein Verfrühungsvlies hilft dabei, so eine verkürzte Kulturzeit zu erreichen. Das Vlies erlaubt dir nicht nur, früher zu beginnen. Lässt du es in der Wachstumsphase über den Pflanzen, wirkt sich auch hier das Mikroklima positiv aus. Das mache ich gerne bei Zucchini und Gurken, wenn der Mai kühl ausfällt. Sobald es warm genug ist, nehme ich das Vlies aber schnell wieder ab.

Mit der Voranzucht sehr vieler Pflanzen kannst du bereits beginnen, wenn die Vorkultur noch das Beet in Anspruch nimmt. Große und kräftige vorgezogene Jungpflanzen liefern schneller eine Ernte als kleine, schwache. Falsch wäre es jedoch, zu versuchen, die Pflanzen lange in Töpfen groß werden zu lassen, bevor du sie ins Beet pflanzt. Denn dann verbrauchen sie schon zu viel Energie im Topf, was sich negativ auf das spätere Wachstum auswirkt.

Karotten solltest du nicht vorziehen, sondern besser direkt aussäen. Warum? Weil sich bereits kleine Schäden an der Wurzel, die beim Umpflanzen passieren können, negativ auf die Entwicklung der Karotte auswirken können. Trotzdem kannst du auch hier mit einem kleinen Trick arbeiten: Lasse den Samen in einer kleinen Glasschale mit etwas Wasser im Haus ankeimen – nur ein wenig, sodass du gerade siehst, dass das Saatkorn austreibt. Dieses angekeimte Saatgut kannst du nun im Garten in die Saatrille legen und mit Erde bedecken. Du wirst sehen, dass die kleinen Karottenpflanzen sehr viel schneller aus der Erde kommen als mit der herkömmlichen Aussaatmethode.

Eine weitere Methode, um die Standzeit im Beet kurz zu halten, ist die Auswahl entsprechender Sorten mit kurzer Kulturzeit. Nehmen wir einmal Frühkartoffeln als Beispiel. Der Begriff Frühkartoffeln sagt nicht aus, dass du diese Kartoffelsorte besonders früh stecken kannst, sondern dass die Ernte früher ist als die von Spätkartoffelsorten. Bei sehr frühen Kartoffelsorten steht die Ernte unter guten Bedingungen bereits nach 90 Tagen an. Auf die Ernte bei späten Sorten musst du teilweise 160 Tage lang warten. Solche Unterschiede in der Kulturzeit gibt es bei vielen Gemüsepflanzen wie etwa Kohl oder Karotten.

Bleibt noch die generelle Pflanzenpflege, mit der du kürzere Kulturzeiten fördern kannst: Das regelmäßige Entfernen von Beikräutern verhindert einen Konkurrenzkampf um Nährstoffe, Licht und Wasser. Wenn die Pflanzen in dieser Hinsicht ausreichend versorgt sind, führt das ebenfalls dazu, dass du dein Gemüse einige Tage bis Wochen früher ernten kannst.

Erntefenster nach hinten ausweiten

Gerade habe ich noch davon geschrieben, dass es sinnvoll ist, die Kulturzeit einiger Pflanzen so kurz wie möglich zu halten, damit folgende Kulturen mehr Zeit haben – jetzt geht es um das Gegenteil.

Genauer gesagt, geht es besonders um Fruchtgemüsearten wie Tomaten, Paprika, Zucchini und Gurken. Sie alle liefern, wenn sie gesund bleiben und die Temperaturen mitspielen, immer weiter Früchte. Deshalb lohnt es sich hier, das Erntefenster so weit wie möglich auszudehnen. Später im Jahr passen Temperaturen, Lichtmenge und Tageslänge einfach nicht mehr zusammen, aber mit etwas Glück kannst du noch im November Tomaten ernten.

Dafür zu sorgen, dass eine Pflanze so lange wie möglich gesund bleibt, ist das Allerwichtigste. In der Gartenpraxis läuft es fast immer darauf hinaus, die

Ausbreitung von Pilzkrankheiten zu verhindern oder zu verlangsamen. Tomaten werden durch die Kraut- und Braunfäule stark gefährdet, Kürbisgewächse wie Gurken wiederum durch Mehltau. Einige Sorten weisen recht gute Resistenzen gegen diese Pilzkrankheiten auf, ich jedenfalls möchte mich aber nicht nur auf diese Sorten beschränken. Ein wesentlicher Aspekt ist eine luftige Kulturführung. Damit ist gemeint, dass Feuchtigkeit, die sich auf den Blättern bildet, schnell wieder abtrocknen kann. Bei Tomaten und Gurken erreichst du dies durch das regelmäßige Entfernen von Geiztrieben und auch durch angemessene Pflanzabstände (30–50 cm). Fallen diese zu gering aus, trocknen die Blätter langsamer.

Tomaten, Gurken etc. sollten ruhig, wie hier im Bild, mit reichlich Abstand zueinander gesetzt werden, damit die Blätter schnell trocknen können. (Übrigens: Auch die Wirkweise der Tomatenhaken ist hier nochmal gut zu sehen.)

Genau wie im Frühjahr spielen auch im Herbst und im frühen Winter die Temperaturen eine große Rolle. Wird es zu kühl, beenden viele Pflanzen das Wachstum oder gehen ein. Wenn du zum Beispiel im Sommer Feldsalat gesät hast, der im Herbst geerntet werden soll, es aber zu früh zu kalt geworden ist, hilft auch hier wieder ein Vlies, um das Wachstum zu beschleunigen.

Da es im Herbst wesentlich feuchter als im Sommer ist, kommt es bei Kopfsalaten, Chinakohl, Radicchio und Endiviensalat zu Fäulnis, obwohl die Pflanzen eigentlich gut mit den Temperaturen auskommen könnten. Hier hilft es, wenn du deinen Pflanzen ein einfaches Dach baust, also aus deinem Frühbeet ein „Spätbeet" machst.

Versetzter Anbau

Lange Zeit habe ich geglaubt, dass ich Gemüse wie Mais, Zucchini, Bohnen oder Gurken nur einmal aussäen kann. Ich war sehr erstaunt, als ich in der Gärtnerei sah, dass Zuckermais noch im Juli ausgesät wird – und das zum dritten Mal. Gemüsebau-Betriebe machen das, um über einen langen Zeitraum im Hofladen die eigene Ernte anbieten zu können. Genau davon können wir auch im Hobbygarten profitieren, aber darüber hinaus lässt sich außerdem das Anbaurisiko reduzieren. Wenn zum Beispiel die ersten Zucchinipflanzen von Mehltau befallen sind, muss das nicht heißen, dass die nächsten davon betroffen sind. Und wenn die ersten Buschbohnen nach 3 Wochen Erntezeit komplett abgeerntet sind, ist es gerade so weit, dass du beiden nächsten weiter ernten kannst.

Besonders wichtig ist so ein versetzter Anbau bei Gemüse (wie z. B. Salaten), das du nicht haltbar machen kannst. Hast du in größter Gartemeuphorie im Frühjahr 50 Kopfsalate ausgesät? Dann stehst du bald vor dem Problem, dass du 50 Salate im Garten hast, die gegessen werden wollen. Am Ende verschenkst du einen Teil und der Rest fängt an zu schießen. Besser wäre es, nur ca. 10 Salate auszusäen und dann alle 14 Tage nochmal 10 – oder entsprechend mehr, wenn der Bedarf da ist.

Damit du nicht irgendwann zu viel Salat auf einmal hast, versuch es mal mit zeitversetztem Anbau.

Pflanzen mehrfach beernten

Wusstest du, dass sich viele einjährige Gemüsearten mehrfach beernten lassen? Hier ein paar Beispiele:

— Bei den meisten Brokkolisorten wachsen nach der Ernte der Hauptblüte viele Seitentriebe, aus denen dann erneut kleine Brokkoliröschen hervorkommen. Diese sind zwar kleiner, aber zahlreicher und superlecker.
— Auch abgeschnittene Kopfsalate bilden an der Schnittstelle viele kleine neue Blätter.
— Neuseeländer Spinat wächst fleißig den gesamten Sommer bis in den Herbst herein – und je mehr Triebe du erntest, desto mehr Energie setzt die Pflanze in neue Seitentriebe.
— Allgemein fällt der Ertrag bei Gurken oder Zucchini größer aus, wenn du die Früchte zeitig erntest, da die Pflanze so schneller neue Früchte ausbildet. Diesen Effekt kannst du auch bei Bohnen beobachten.

Vielleicht fragst du dich jetzt, ob das nicht im Widerspruch zu einem der vorigen Punkte steht, als es darum ging, die Kulturzeit kurz zu halten – verständlich. Denn grundsätzlich ist immer die Frage, was sinnvoller ist: da, wo du den Kopfsalat geerntet hast, schnell einen neuen pflanzen, oder dich mit der kleinen Nachernte begnügen? Die Antwort hängt allein von deinem Beetplan ab: Ist eine Folgekultur an dieser Stelle eingeplant, die sofort gepflanzt werden muss? Oder hast du genug Zeit, um den Salat einfach mal neu austreiben zu lassen?

Bei mehrjährigen Pflanzen kannst du durch die Sortenwahl eine zweite Ernte erreichen. Bei Erdbeeren gibt es remontierende Sorten wie zum Beispiel ‚Mara de Bois‘. Diese bildet von der Haupterdbeersaison bis zum Frost immer wieder neue Blüten und Früchte. Der Platz, auf denen die Erdbeeren stehen, ist also wesentlich effektiver genutzt. Auch bei Himbeeren gibt es Sorten, die zweimal tragen – jedes Jahr ein Grund zur Freude, sich im Herbst noch einmal frische Himbeeren aus dem Garten zu holen. Mehrjährige Kräuter wiederum, wie z. B. Zitronenmelisse oder Minze, profitieren von einem radikalen Rückschnitt, wenn sie anfangen zu blühen. Der frische Neuaustrieb verdoppelt deine Erntemenge pro Pflanze.

Wo wir gerade beim Stichwort Ernte sind: Viele weitere Tipps dazu findest du ab S. 192.

Optimale Raumnutzung

Stell dir vor, du hast nur 10 m² Beetfläche. Du wirst ziemlich sicher sehr kreativ und experimentierfreudig werden, wenn es darum geht, dieses Beet so effektiv wie möglich zu bepflanzen. Auch kleine Marktgärtnereien nutzen ihren Platz wesentlich besser als ein größerer landwirtschaftlicher Betrieb, der viele Hektar Land zur Verfügung hat: Gemüse wird dichter gepflanzt und Mischkulturen kommen öfter zum Einsatz.

Da im Garten zu Hause die meisten Arbeiten von Hand verrichtet werden und keine Traktoren mit riesigen Reifen durch deine Beete fahren – falls doch, solltest du dir Sorgen machen –, kannst du Pflanzabstände ebenfalls enger wählen. Jedenfalls so eng, dass du trotzdem noch mit der Hacke durch die Reihen kommst.

Ein weiteres Beispiel für bessere Raumnutzung ist die Ernte zu einem „nicht idealen" Zeitpunkt. Stell dir ein Beet mit 12 Salatköpfen vor, die eigentlich zu eng gepflanzt sind. Wenn die Salate wachsen und es so eng wird, dass sie sich gegenseitig im Wachstum behindern, dann fang an, nach Bedarf jeden zweiten zu ernten. Das heißt für dich, dass du früher deinen eigenen Salat genießen kannst und die Salatköpfe wieder mehr Platz haben – eine Win-win-Situation. Die Größe der Köpfe ist zwar nicht „marktreif", aber wen interessiert das schon? Wenn einer zu wenig ist, erntest du einfach zwei auf einmal.

Nicht zu vergessen sind, wie könnte es anders sein: Mischkulturen. Im entsprechenden Kapitel (siehe S. 38) zeige ich einige Beispiele, wie das Zusammenspiel bestimmter Pflanzen dabei hilft, die verfügbare Beetfläche besser zu nutzen.

Mit Mischkulturen, wie hier z. B. von Kohl und Postelein, nutzt du den verfügbaren Platz optimal aus.

Gamechanger: Folientunnel und Gewächshaus

TIPP:

Dein Budget oder die Gartenordnung erlauben es momentan nicht, ein Gewächshaus bzw. einen Folientunnel in deinem Garten aufzustellen? Dann ist die nächstbeste Lösung ein Frühbeet oder ein Minitunnel – mit beidem profitierst du auch ein Stück weit von den Vorteilen des geschützten Anbaus.

Wenn die anderen Gärten schon abgeräumt sind und alles im Winterschlaf liegt, stehen meine Beete im Freien noch voller Knoblauch, Winterkopfsalaten, Zwiebeln, Rosen- und Grünkohl. Betrete ich dann aber meinen Folientunnel, werde ich von einer ganz anderen Welt empfangen, die der Kälte des Winters zu trotzen scheint.

Im Sommer wachsen hier Pflanzen wie Tomaten, Melonen, Chili und Paprika und werden dabei gerne mal doppelt so groß wie im Freiland. Die Möglichkeit, unter Glas oder Folie anzubauen, ist wohl die ultimative Form der Ertragssteigerung: früher anfangen, später aufhören, im Winter ernten und etwas unabhängiger vom Wetter sein. Im folgenden Kapitel möchte ich dir nicht nur einen Beispiel-Anbauplan zeigen, mit dem du in jedem Monat des Jahres etwas ernten kannst. Ich zeige dir auch, worauf du achten solltest, wenn du dich für ein Gewächshaus oder einen Folientunnel entscheidest.

Folientunnel oder Gewächshaus?

Ein Folientunnel besteht aus Metallstangen, über die eine Folie gespannt ist, und hat in der Regel 1 oder 2 Türen. Sowohl die verfügbaren Größen als auch die Qualität und der Preis unterscheiden sich stark. Grundsätzlich gilt: Je freier ein Tunnel aufgestellt ist, desto größer die Gefahr von Sturmschäden. Die lässt sich wiederum durch Metallrohre mit entsprechendem Durchmesser und passende Verstrebungen senken.

Ein qualitativ hochwertiger Tunnel sollte so konstruiert sein, dass er den meisten Stürmen standhält. Wenn sich die Rohre so anfühlen, als ob ich sie mit eigener Körperkraft verbiegen könnte, lasse ich die Finger von diesem Produkt. Auch bei den Folien gibt es riesengroße Unterschiede. Mein erster Folientunnel hat knapp 100 € gekostet und hatte eine grüne Gitternetzfolie. Bereits im zweiten Jahr rieselte die Folie überall auf den Boden. Eine gute Folie hingegen zeichnet sich dadurch aus, dass der Hersteller einen UV-Wert angibt, z. B. UV4 oder UV5. Das heißt, dass die Folie in den ersten 4–5 Jahren keine Schäden durch UV-Licht abbekommen sollte – also genau das, was bei meiner grünen Gitternetzfolie passiert war.

Auch bei Gewächshäusern gibt es riesige Qualitätssprünge; die Hauptunterschiede liegen dabei ebenfalls wieder in der Wahl der Materialien. (Unter anderem bei Instagram sehe ich oft, wie die günstigen Exemplare durch einen starken Sturm in Einzelteile zerlegt wurden.) Die Scheiben müssen übrigens nicht zwingend immer aus Glas sein. Es gibt alternativ gute Doppelstegplatten aus Kunststoff – gute, aber auch sehr schlechte.

Wie so oft schaue ich mir gerne an, wie es Profis machen. Im professionellen Anbau bestehen die Metallprofile in der Regel aus Stahl und sind sehr massiv; die Glasscheiben sind so eingesetzt, dass sie nach einem Bruch schnell und einfach ausgetauscht werden können. Die Scheiben für das Dach sind aus Sicherheitsglas oder hochwertigen Doppelstegplatten gefertigt.

Wenn du dir handwerklich etwas zutraust und zum Beispiel schweißen kannst, solltest du dir unbedingt einmal ein professionelles Gewächshaus anschauen, um zu beurteilen, ob der Eigenbau im Rahmen deiner Fähigkeiten liegt. (Dasselbe gilt natürlich für Folientunnel.)

Aber egal, ob gekauft oder Eigenbau: Informiere dich im Vorfeld, ob du eine Genehmigung für den Bau oder das Fundament von Gewächshaus bzw. Folientunnel benötigst. Und zwar am besten bis ins Detail, denn Regeln zur Größe, dem Abstand zum benachbarten Grundstück oder der Höhe gibt es (in Deutschland) jede Menge: je nach Bundesland, regional je nach Kommune und nicht zu vergessen auch je nach individueller Situation, denn in vielen Kleingartenvereinen oder allgemein auf gemietetem Grund gelten nochmal gesonderte Regelungen.

Bleibt noch die Frage nach den Kosten. Dazu sei gesagt, dass Folientunnel in der Regel günstiger sind als Gewächshäuser in einer vergleichbaren Größe. Allerdings halten sie die Wärme nicht ganz so gut. Grundsätzlich fällt es mir an dieser Stelle schwer zu sagen, was ein guter Folientunnel oder ein gutes Gewächshaus kosten sollte, da ich selbstverständlich nicht alle Produkte auf dem Markt kenne. Der beste Tipp ist wohl, sich bei der Suche nicht nur auf das Angebot von Baumärkten zu beschränken.

Folientunnel gibt es in diversen Größen. Wichtig ist, unabhängig vom Modell, die Stabilität: Wie wind- und wetterfest ist das Konstrukt?

Zu hoch, zu breit, zu nah dran? Nicht jedes Gewächshaus darf pauschal überall aufgestellt werden – nimm dir vorab genug Zeit, die Regelungen in deiner Region nachzulesen.

So findest du die richtige Stelle im Garten

Egal, ob Tunnel oder Gewächshaus: Ein Standort mit viel Sonne ist in beiden Fällen Pflicht. Im Sommer steht mein Folientunnel von ca. 8 Uhr morgens bis 17 Uhr nachmittags in der vollen Sonne. Ab 17 Uhr wird er durch einen Baum abgeschattet. Das ist nicht so schlimm, da es im Sommer auch gerne einmal zu heiß werden kann. Für diesen Fall gibt es Schattiernetze oder spezielle Schattierfarben (für Glasgewächshausscheiben), um Hitzeschäden an den Pflanzen zu verhindern. Und solche Schäden gibt es einige: Ab ca. 35 °C stellen viele Pflanzen das Wachstum erst einmal ein. Im schlimmsten Fall verkochen die Früchte, oder du kannst verdorrte Blätter beobachten.

Ideal ist es, wenn in der Nähe des Tunnels oder Gewächshauses ein paar Bäume, Hecken oder Gebäude stehen, die keinen oder kaum Schatten auf den Ort des Anbaus werfen, aber dafür sorgen, dass starke Windböen abgeschwächt werden.

Weitere Vorteile und Nutzen von Folientunneln bzw. Gewächshäusern

Im Folientunnel oder Gewächshaus kannst du nicht nur im Frühjahr, Sommer und Herbst Nutzpflanzen anbauen und ernten, sondern ebenso im Winter – aber auch darüber hinaus gibt es einige praktische Verwendungsmöglichkeiten, die du dir nicht entgehen lassen solltest.

Wenn du das Kapitel über die Voranzucht von Jungpflanzen ab S. 66 gelesen hast, kennst du schon das Hauptproblem: Den Pflanzen steht im Frühjahr im Haus zu wenig Licht zur Verfügung. Aus diesem Grund wandern einige unempfindliche Kulturen wie zum Beispiel Kohl oder Zwiebeln schon Anfang März in meinen Folientunnel, und zwar noch in den Multitopfplatten. Dadurch habe ich im Haus wieder mehr Platz für Tomaten, Gurken, Zucchini und Melonen.

Im Folientunnel lege ich einfach ein Brett auf zwei Sägeböcke und stelle die Multitopfplatten darauf. Wenn starker Frost angesagt ist, kommt noch einmal ein Vlies darüber. Zwar hätten es die Pflanzen näher am Boden wärmer, aber dort ist auch die Gefahr größer, dass sich hungrige Mäuse über sie hermachen. Sind über eine längere Zeit sehr starke Fröste angesagt, muss ich in den sauren Apfel beißen und die Pflanzen wieder ins Haus holen. Das ist bis jetzt aber noch nie passiert.

Solltest du im Haus gar keinen Platz für die Jungpflanzenanzucht haben, kannst du dir einmal überlegen, ob ein weiteres, kleineres Gewächshaus *in* deinem großen Gewächshaus eine Alternative wäre. Ja, das gibt's – ich habe schon begehbare Varianten in richtig großen Gewächshäusern gesehen, aber im Hobbybereich reicht wohl auch ein Frühbeetkasten. Besonders in Kombination mit einer Heizmatte ist dies eine gute Möglichkeit, viele Jungpflanzen mit genügend Licht anzuziehen.

Sofern du im Winter nicht deinen gesamten Tunnel mit frischem Gemüse vollgepflanzt hast, bietet er einigen Pflanzen einen guten Ort zum Überwintern. Oleander, Lorbeer und andere Pflanzen, die in einem milden Winter auch im Freiland überleben könnten, finden hier einen Platz, der etwas sicherer ist.

Nicht zu unterschätzen ist der Schutz, den dein Tunnel oder Gewächshaus dir bieten kann – ja genau: dir, nicht nur deinen Pflanzen. Ich weiß schon gar nicht mehr, wie viele Regen- oder Hagelschauer es waren, die ich in meinem Tunnel ausgesessen habe.

In der Luftaufnahme siehst du, dass hinter meinem Folientunnel einige hohe Gewächse stehen. Sie bieten einen gewissen Windschutz, werfen aber nicht zu viel bzw. zu lang Schatten.

Schütze deine Ernte

Gemüse im eigenen Garten anbauen, Selbstversorgung und sich vor der eigenen Ernte gar nicht mehr retten können – es könnte so schön sein. Wenn es da nicht Hagel, Starkregen, Pilzkrankheiten, Viren, Bakterien und eine nicht endende Schar an tierischen Besuchern gäbe, die kontinuierlich versucht, deine Ernte zu dezimieren.

Inzwischen habe ich akzeptiert, dass ein Teil der Erträge an die Natur geht, alles andere wäre auch zu viel Stress. Es hat eine Zeit lang gedauert, so umzudenken, aber seitdem ich die Sache entspannter sehe, ist eine angeknabberte Karotte kein Weltuntergang mehr.

Versteh mich jetzt bitte nicht falsch: Es ist auch immer wieder nötig, gewisse Schritte einzuleiten, immerhin soll mein Garten nicht das Prädikat „Wühlmaus-Paradies" bekommen. Es hat sich aber gezeigt, dass ein paar Läuse an der Petersilie erst einmal keine Schritte erfordern, da sehr schnell Marienkäferlarven diese Arbeit für mich erledigen. Oder dass die Weiße Fliege, die unter den Blättern des Grünkohls sitzt, oft nicht so schlimm ist, da die Pflanzen spätestens bei der Ernte im Winter wieder frei von diesen Insekten sind (die eigentlich auch zu den Blattläusen zählen).

Allgemein ist es eine sehr gute Idee, Nützlinge zu fördern. Ob und wann sich eine bestimmte Tierart bei dir wohlfühlt und ansiedelt, kannst du nur bedingt steuern. Je naturnäher du gärtnerst, je mehr unterschiedliche heimische Arten du blühen lässt und natürlich komplett auf Gifte verzichtest, desto größer ist die Chance, dass sich Tiere ansiedeln, die sich um andere, weniger gern gesehene Tiere kümmern, die nun mal die Ernte vernichten.

Wie kompliziert das sein kann, zeige ich dir an einem Beispiel mit größeren Tieren: Katzen versus Mäuse. Hast du eine Katze, hast du weniger Mäuse (es sei denn, die Katze verweigert die Mäusejagd). Jagt die Katze aber auch Vögel, nimmt deren Bestand ab und du verlierst einen wichtigen Verbündeten gegen Insekten, die an deinem Gemüse fressen. Vögel kannst du natürlich mit Vogelfutter anlocken – damit aber gleichzeitig Ratten, die sich über das energiereiche Futter freuen ...

Vogelfutter im Garten ist immer Abwägungssache: Welcher Besuch geht damit vielleicht noch einher?

Grundsätzlich ist Besuch im Garten ja immer willkommen – aber manche Gäste sind es eben etwas mehr als andere ...

Genauso komplex, wenn nicht noch komplexer ist das gesamtes Ökosystem Garten. Schon kleine Eingriffe haben Folgen. Trotzdem solltest du keine Angst davor haben, ein Wildbienenhotel oder Brutkästen für Vögel aufzustellen und die Biodiversität zu fördern – und dazu gehört die ein oder andere wilde Ecke im Garten.

Wenn ich das Thema „Eingreifen" in meinen YouTube-Videos anspreche, kommt es regelmäßig zu empörten Kommentaren à la: „Wie kannst du nur über Rattenfallen sprechen? Was hat das noch mit Biogärtnern zu tun?"

Meine Antwort darauf ist folgende: Wenn du dir dein Gemüse wegfressen lässt, wirst du gezwungen sein, das, was du weniger erntest, einzukaufen. Selbst im Bioanbau und bei der Lagerung wird etwas gegen Ratten unternommen. Dazu kommen der Transportweg, Verpackung etc., was bei deinem selbst geernteten Gemüse nicht anfällt. Indem du dich nicht selbst darum kümmerst, schiebst du das Problem nur aus deinem Sichtfeld.

Genau das ist es, was ich nun mal nicht möchte: ein Problem einfach aus dem eigenen Sichtfeld wegschieben. Mit meinem Garten habe ich eine Verantwortung übernommen, und selbst wenn ich so naturnah wie möglich gärtnern möchte: Ein Gemüsegarten bleibt ein künstlich angelegter Ort mit Kulturpflanzen, die so in der Natur nicht vorkommen und einen bestimmten Schutz benötigen. Oder hast du schon mal einen Kopfsalat oder Brokkoli im Wald gesehen?

Es gibt zu jedem der folgenden Szenarien verschiedene Maßnahmen, die mal mehr oder weniger wirken. Darüber lassen sich Bücher füllen. Ich spreche im Anschluss nur über die Dinge, die meine Ernte am öftesten dezimiert haben, und was du dagegen unternehmen bzw. wie du vorbeugen kannst.

Wetterereignisse

Fest steht: Das Wetter lässt sich nun mal nicht beeinflussen. Umso wichtiger ist es, zu wissen, wie du deine Beete möglichst gut abschirmen oder anderweitig schützen kannst. Besonders starker Regen und Hagel können den Pflanzen schnell mal innerhalb kürzester Zeit sehr zusetzen – welche Möglichkeiten hast du, solchen Situationen vorzubeugen?

Starkregen

Starkregenereignisse können deinen Garten kurzfristig unter Wasser setzen, vor allem, wenn der Boden sehr schwer ist. Die Massen an Wasser stehen dann als Pfützen auf der Erde, da der Boden nicht in der Lage ist, diese schnell genug aufzunehmen. Das kann zu Verdichtungen führen, und wenn nach dem Regen die Sonne intensiv auf die Beete scheint, wird dieser Effekt noch erhöht. Viel kannst du allerdings nicht dagegen unternehmen. Hunderte Regenschirme über deinem Garten aufzuspannen, sähe bestimmt super aus (und ein Foto davon auf Instagram wäre sicherlich ein voller Erfolg), aber in der Praxis ist das nun mal nicht machbar.

Was du vorbeugend machen kannst und grundsätzlich immer eine gute Idee ist: Sorge dafür, dass die Böden locker und durchlässiger werden, wenn sie sehr schwer sind und zu Staunässe neigen. Das erreichst du, indem du organisches Material in Form von Kompost und Mulch in deinen Boden einbringst. Zudem kannst du, sofern dein Garten minimal abschüssig ist, speziell darauf achten, dass das Wasser abfließen kann und nicht auf ein Hindernis wie etwa eine Mauer oder eine höhe Beetkante stößt.

Hagel

Ein Hagelschauer kann deine Pflanzen und somit eine Ernte innerhalb weniger Sekunden komplett zerstören. Wenn du so etwas einmal miterleben musstest, kannst du dich bestimmt sehr gut in die Menschen früherer Generationen versetzen, für die so ein Ereignis existenzielle Folgen hatte. Leider sind deine Möglichkeiten auch hier begrenzt. Aber wenn du weißt, dass laut Wettervorhersage ein Hagelschauer bevorsteht, kannst du einen Teil deiner Pflanzen mit einem Gemüseschutznetz schützen: Ein über Bögen gespanntes Netz lässt die Hagelkörner einfach abprallen.

Liegt das Netz nur auf den Pflanzen, schützt es diese zwar vor dem Einschlag. Ehrlicherweise muss man aber sagen: Wenn eine große Menge Hagel vom Himmel kommt, kann dieser die Pflanzen erdrücken und sogar erfrieren lassen, wenn du die Hagelkörner nicht sofort entfernst – was realistisch betrachtet eher schlecht umsetzbar ist.

Gemüseschutznetze mildern den Aufprall von Hagelkörnern bis zu einem gewissen Grad ab.

Trockenheit

Lange Perioden ohne einen Tropfen Regen im Frühjahr und Sommer bescheren dir eine Menge Gießarbeit. Besonders Direktsaaten keimen und entwickeln sich einfach nicht, wenn du sie nicht täglich gießt. Im Kapitel über Bewässerung (S. 56) kannst du nachlesen, wie wichtig es ist, Wasservorräte anzulegen, aber auch dafür zu sorgen, dass das Wasser vom Boden gespeichert werden kann. Auch in dieser Hinsicht ist Mulchen wieder eine wichtige Maßnahme: Wenn der Boden mit organischem Material bedeckt ist, verdampft die Feuchtigkeit weniger schnell.

Tierischer Besuch

Grundsätzlich sind Tiere natürlich in einem Naturgarten gern gesehen – manche allerdings etwas weniger als andere. Denn wenn Wurzeln angeknabbert werden oder es den Jungpflanzen an den Kragen geht, hält sich die Freude doch in Grenzen. Anschließend findest du einen Überblick, mit welchen Besuchern du rechnen musst und was du ggf. tun kannst, um dein Gemüse zu schützen.

122
123

Tauben und andere Vögel

Grundsätzlich sind Vögel (wie hier das Rotkehlchen) bei mir im Garten immer willkommen – gewisse Schutzmaßnahmen braucht es allerdings auch.

Ich liebe es, Vögel im Garten zu haben – aber es gibt so ein paar Momente, da richten sie großen Schaden an. Tauben zum Beispiel rupfen liebend gern frisch gesetzte Salate, aber auch andere Pflanzen aus den Beeten. Sie mögen die jungen Blätter sehr, aber oft liegt die Pflanze einfach nur neben der Pflanzstelle. Auch Erdbeeren und andere reife Obstsorten werden gerne angepickt.

Zum Teil ist das okay, aber wenn es überhandnimmt, gibt es ein paar Maßnahmen, die du ausprobieren kannst. Da wären beispielsweise Vogelschutz-

netze, die über das Gemüse gelegt werden. Da die Maschen aber relativ groß sind, können sich hier kleine Vögel verfangen. Aus diesem Grund nutze ich ein Gemüseschutznetz, welches ich eh im Garten habe und das so feinmaschig ist, dass es nicht zur Vogelfalle werden kann. Für eine Zeit lang – etwa kurz nachdem du gepflanzt hast – lassen sich Vögel von glitzernden, blinkenden Gegenständen wie Metallstreifen irritieren. Auch eine frische Mulchschicht scheint das Gemüseradar der Vögel zu stören.

Frische Saaten werden von diversen Vögeln ebenfalls gerne als willkommene Futterquelle angesehen, nicht nur von Saatkrähen. Wenn du in deinem Garten besonders große Probleme damit hast, lege so lange ein Vlies auf das Beet, bis die Saat aufgegangen ist.

Für Trauben und andere Früchte gibt es Beutel aus sehr feinem Organza-Stoff und einer Zugschnur, die einfach über die Früchte gestülpt werden. Gleichzeitig schützen diese Traubenschutzbeutel die Früchte vor Wespen.

Ratten

Mit Ratten habe ich in manchen Jahren wirklich massive Probleme im Garten. Aufgefressene Tomaten, Zucchini, Melonen, ja sogar (Winter-)Salate im Folientunnel werden nicht verschont. Ich wollte unbedingt auf Rattengift verzichten und habe mir für ein Video extra einen Experten in meinen Garten eingeladen, von dem ich eine Menge lernen konnte. Im Anschluss ein paar wichtige Lektionen, die ich aus dem Gespräch mitgenommen habe.

Vor einer Bekämpfung ist die erste Maßnahme, einen Garten so unattraktiv wie möglich für Ratten zu gestalten:

— Auch wenn du Ratten vielleicht an feuchten Orten wie der Kanalisation siehst: Sie lieben trockene Orte, um ihr Nest zu bauen. Liegen bei dir Bretter herum, ist unter deiner Gartenhütte ein Hohlraum oder gibt es andere behagliche Orte? Wenn möglich, versperre den Zugang dazu oder entferne diese Plätze direkt.
— Vogel- und Hühnerfutter zieht eigentlich immer Ratten an, wenn sie einfach Zugang zu dem Futter haben. Deshalb lohnen sich Futterstationen, bei denen selbst Körnerreste nicht einfach auf den Boden fallen können.
— Wirf keine falschen Sachen auf den Kompost. Einige Küchenabfälle lassen sich zwar kompostieren, sind aber wortwörtlich ein gefundenes Fressen für Ratten und Mäuse: Obstreste, Körner und Getreide, Fleisch usw. gehören nicht auf den Kompost. Hier kann dir ein geschlossener Thermokomposter helfen.

Apropos Tauben …
Für viele gelten Tauben als schmutzige Tiere, die Krankheiten übertragen. Mit diesem Vorurteil möchte ich einmal aufräumen. Tauben sind durchaus faszinierende, liebenswerte Vögel, die zu Unrecht einen schlechten Ruf haben. Viele Stadttauben (Felsentauben) sind durch falsche Ernährung krank. Genau wie der Kot anderer Vögel können ihre Ausscheidungen Keime enthalten. Im Garten triffst du meistens heimische Arten wie die Ringeltaube, die hier auch nicht in so großen Massen wie in der Stadt auftreten und in das Ökosystem gehören.

Fakt ist aber: Du wirst nie ganz verhindern können, dass Ratten in deinem Garten sind – vor allem, weil die Nachbargärten dazu einen großen Beitrag leisten. Ich habe jedenfalls die Erfahrung gemacht, dass es hier nur so von Ratten wimmelt, seit es im benachbarten Garten ebenfalls Hühner gibt. Auch Vergrämung, also die Vertreibung mit bestimmten Gerüchen, funktioniert bei Ratten leider nicht wirklich gut.

An der Stelle sei auch noch gesagt: Vorsicht vor Rattenkot, denn dieser kann Krankheiten übertragen – besonders, wenn er getrocknet ist. Dann solltest du ihn nass machen, bevor du ihn entfernst und beim Entfernen selbst eine Maske tragen.

Wühlmäuse

Zu den Wühlmäusen werden verschiedene Arten gezählt. Wohl am weitesten verbreitet ist die Schermaus. Sie baut ihr Nest sowie zahlreiche Gänge unter der Erde. Karotten, Kartoffeln und andere Wurzeln, z. B. von Obstbäumen, werden gefressen oder abgenagt, wenn sie im Weg sind.
Im Gegensatz zu Ratten lassen sich Wühlmäuse recht gut vergrämen. Ein Gartennachbar schwört auf vergorene Buttermilch, ein anderer auf ein Büschel Haare seines Hundes. Was davon wirklich hilft, ist wohl immer eine Frage des Ausprobierens.

Schnecken

Schnecken, vor allem Nacktschnecken, rufen in der Regel auch nicht gerade Begeisterungsstürme hervor. In manchen Gärten lassen sie sich eimerweise absammeln und richten enorme Schäden bei allen möglichen Pflanzen an. Sollte dein erster Gedanke jetzt sein: „Na gut, dann eben her mit dem Schneckenkorn" – warte noch kurz ab, denn es gibt Alternativen. Und wusstest du, dass diverse Schneckenarten im Garten, wenn überhaupt, nur geringen Schaden anrichten und sogar eine wichtige Rolle spielen, einerseits als Futter für andere Tiere und andererseits als Zersetzer von organischem Material? Tatsächlich könnte man sagen: Ein Garten ganz ohne Schnecken weist auf ein gestörtes Ökosystem hin.

Gleichzeitig fällt es natürlich schwer, Schnecken zu tolerieren – besonders die, die viel Schaden anrichten. Da sie besonders nachts sehr aktiv sind, hilft der regelmäßige Gang mit der Taschenlampe und einem Eimer, die Anzahl zu dezimieren. Wenn du die (zugegeben schleimigen) Tiere nicht anfassen magst, kannst du eine Schneckenzange verwenden. Jetzt musst du deine Beute nur noch loswerden. Aber Achtung: Bitte kipp einen Eimer voller Schnecken nicht irgendwo in die Natur, da so viele Tiere auf einmal hier Schäden anrichten können. Am besten setzt du sie in kleinen Gruppen aus. Du siehst dich nicht so recht nachts im Garten bei der Schneckenjagd? Dann versuch es mal damit, ein paar Holzbretter auf die Beete zu legen. Die Schnecken werden tagsüber unter den Brettern Schutz suchen und du kannst sie einfach absammeln.

Andere Möglichkeiten sind Vorrichtungen, die das Gemüse schützen. Schneckenkrägen haben einen Rand, den die meisten Schnecken nicht überwinden können. Spezielle Schneckenzäune funktionieren nach einem ähnlichen Prinzip, schützen aber eine größere Fläche. Solche Abwehrvorrichtungen können allerdings nur funktionieren, wenn die Schnecke keine Brücke findet, wie zum Bespiel ein Blatt, das über den Rand wächst.

Alternativ kannst du dir tierische Unterstützung holen: Laufenten sind ganz versessen auf Schnecken und wissen genau, wie diese zu fangen sind. Natürlich musst du dir aber einiges an Wissen aneignen, um diese Tiere artgerecht zu halten. Solltest du dir nicht gleich Enten anschaffen wollen, gibt es immer noch Vergrämung als Möglichkeit: Getrocknete Minzblätter sollen z. B. gegen Schneckenbefall helfen. Meiner Beobachtung nach funktionieren diese Mittel mal besser, mal schlechter.

Über einen Schnecken-kragen kommen die Tiere in der Regel nicht hinweg.

Blattläuse

Viele der zahlreichen Blattlausarten sind auf wenige Wirtspflanzen spezialisiert, wie zum Beispiel die Holunderblattlaus. Ein Blattlausbefall kann komplett unproblematisch für eine Pflanze sein – oder diese eingehen lassen. So und so: Blattläuse an essbaren Pflanzen wie Salaten oder Kohl sind auf jeden Fall lästig.

Blattläuse ernähren sich von Pflanzensäften. Dafür stechen sie ein Saugorgan in das Blatt oder andere Pflanzenteile. Über ein Organ am Hinterleib wird der überschüssige, immer noch sehr energiereiche Saft abgestoßen – der Honigtau. Darauf sind Ameisen ganz wild. So wild, dass sie gezielt Läuse auf Pflanzen ansiedeln, um diese vor Fressfeinden zu schützen. (Übrigens: Auch sogenannter Waldhonig besteht – anders als Blütenhonig – nicht etwa aus gesammeltem Blütennektar, sondern aus Honigtau, den auch Bienen sammeln.)

Der wohl wichtigste Widersacher von Blattläusen sind Marienkäfer, oder besser deren Larven. Daneben gibt es noch Florfliegen- und Schwebefliegenlarven und sogar Vögel, die zu ein paar leckeren Blattläusen nicht Nein sagen.

Es ist also immer eine Ermessensfrage, ob du etwas gegen die Läuse unternimmst oder darauf hoffst, dass die Natur das für dich erledigt. Ich greife nur ein, wenn die befallenen Pflanzen noch sehr klein sind – in dem Fall streife ich die Läuse einfach mit den Fingern oder einem Taschentuch ab – oder wenn der Befall extrem hoch ist und die natürlichen Helfer einfach nicht kommen wollen. Diesen Ablauf kann ich jedes Jahr bei unserem Holunder beobachten: Die schwarzen Läuse kommen – und kurze Zeit später sind meistens auch schon die Marienkäferlarven da, die das Problem regeln. Es gab aber Jahre, da kamen die Marienkäfer (wahrscheinlich wegen der Witterung) viel zu spät und der Holunderbaum ist fast eingegangen.

126
127

Im besten Fall sorgen Marienkäfer-Larven dafür, dass sich Blattlaus-Probleme von selbst lösen.

Zur Blattlaus-Bekämpfung gibt es einige Hausmittel wie Seifenlaugen. Diese verkleben die Atmungsorgane der Blattläuse an deren Hinterleib. Produkte aus Neembaumöl sind ebenfalls recht wirksam. Bei einem Befall an kräftigeren Pflanzen wie Rosen reicht es oft, die Pflanze einfach mal kräftig mit dem Gartenschlauch abzuspritzen. Die Läuse, die so von der Pflanze abfallen, finden den Weg zurück meistens nicht mehr.

Wurzelbohrer

Streng genommen sind Wurzelbohrer die unterirdisch lebenden Larven bestimmter Nachtfalter. Umgangssprachlich werden aber auch Drahtwürmer (die Larven des Schnellkäfers), Erdraupen und die Larven der Haarmücke so bezeichnet, da das Schadbild dasselbe ist. Pflanzen im Beet, besonders gerne junger Salat, sehen von einem Tag auf den anderen schlaff aus und gehen schließlich ein. Nimmst du nun den Salat aus der Erde, wirst du im Wurzelbereich oder sogar in der Wurzel den Übeltäter finden. Dieser muss sofort entfernt werden, da er sich sonst schnell zur nächsten Pflanze aufmacht. Viel tun kannst du gegen diese Tiere nicht, da sie unter der Erde leben. Besonders oft treten sie auf, nachdem du ein Stück Rasenfläche in Beete umgewandelt hast.

Kartoffelkäfer

Die Larven von Kartoffelkäfern sind seit langer Zeit ein richtiges Problem im Kartoffelanbau. Anders als ihr Name vermuten lässt, vergreifen sie sich aber auch gerne an Auberginen- und (wenn nichts anderes da ist) Tomatenblättern. Der auffällig gelb gestreifte Kartoffelkäfer legt Horden von kleinen, ovalen, orangegelben Eiern auf den Blattunterseiten ab. Die Larven sind rot mit schwarzen Punkten. Sobald du die Eier oder die Larven entdeckst, kann ich dir nur empfehlen, diese zu zerdrücken. Kein schönes Gefühl – aber notwendig, um Schaden von deinen Kartoffelpflanzen abzuwenden. Denn der Schaden an den Blättern, der so weit gehen kann, dass es erst gar keine Blätter mehr gibt, hat direkte Auswirkungen auf den Kartoffel-Ertrag (näher erklärt findest du den Zusammenhang im Kapitel über Photosynthese auf S. 50).

Kohlweißlinge

Wer kennt ihn nicht, den weißen Schmetterling, der bevorzugt um Kohlpflanzen herumflattert? Er legt seine Eier auf den Blattunterseiten ab. Die Raupen, die daraus entstehen, sind besonders gefräßig und richten schnell große Schäden an den Pflanzen an. Der Große Kohlweißling legt dabei seine Eier als Kolonie ab. Der Kleine Kohlweißling wiederum legt einzelne stiftförmige Eier. Das macht die Erkennung natürlich etwas schwieriger.

Du hast 3 Möglichkeiten, deinen Kohl zu schützen (wobei ich nur die dritte durchführe):

— Suche jeden Tag die Pflanzen nach Eiern und Raupen ab und entferne diese ggf. – ja, das ist aufwändig.

— Verwende sogenannte BT-Präparate, in denen Stoffe enthalten sind, die aus dem *Bacillus thuringiensis* gewonnen werden. Diese töten die Raupen ab, sobald sie die Stoffe aufnehmen. BT-Präparate gelten als biologisches, natürliches Insektizid und sind auch im ökologischen Landbau zugelassen.

— Sorge dafür, dass es gar nicht zur Eiablage kommt – das ist meine präferierte Methode. Mit auf Bögen gespannten Gemüseschutznetzen gelangen (unter anderem) die Kohlweißlinge erst gar nicht an die Pflanzen. Gleichzeitig sollte aber klar sein, dass Gemüseschutznetze von guter Qualität ein Kostenfaktor sind und sich nicht über allen Pflanzen lohnen. Vor allem auf solchen, die vor der Ernte blühen müssen, wie etwa Bohnen oder Erbsen, wären die Netze kontraproduktiv. Denn so könnte es nicht zur Bestäubung der Blüten durch Insekten kommen.

Es wird behauptet, dass eine Mischkultur mit Tomaten die Schmetterlinge fernhält – was ich natürlich direkt ausprobieren musste, als ich es zum ersten Mal gehört habe. Mit dem Ergebnis, dass ich in besagtem Jahr keinen Kohl ernten konnte.

Da ich Biodiversität in meinem Garten unterstützen will, pflanze ich außerhalb der Netze immer ein paar überschüssig vorgezogene Kohlpflanzen. So hat auch der Kohlweißling seine Futterpflanze. Hast du nur sehr wenig Platz im Garten, kann ich aber gut verstehen, dass du vielleicht auf solche „Extras" verzichtest.

So harmlos die weißen Schmetterlinge auch aussehen – Kohlweißling-Raupen möchtest du vermutlich eher nicht im Garten haben.

Beikraut und Pflanzen-krankheiten

Naturnahes Gärtnern in allen Ehren, aber manche Pflanzen sind dann eben doch etwas willkommener als andere. Ganz zu schweigen von gewissen Pflanzenkrankheiten, die früher oder später immer mal auftauchen können. Im Anschluss findest du einen Überblick, welche Beikräuter und Krankheiten besonders oft auftreten bzw. was du vorbeugend oder als „Rettungsmaßnahme" unternehmen kannst.

Ackerwinden

Es gibt kein lästigeres Kraut als Ackerwinden. Ich würde sogar so weit gehen, diese als Bedrohung einzustufen – für Pflanzen und Nerven. Ackerwinden auszugraben ist fast unmöglich, da die Wurzeln sehr tief in den Boden gehen. Du kannst ja mal ein Experiment machen und versuchen, das Ende der Wurzel zu finden – wenn du dann metertiefe Löcher im Garten hast, sag bitte nicht, dass ich dich nicht gewarnt hätte.

Das Problem ist, dass sich dieses Beikraut sehr schnell um alle Nutzpflanzen windet. Kleinere Pflanzen werden auf die Art einfach überwuchert und sterben ab, weil sie kein Licht mehr bekommen. Zwiebeln mit ihren hohlen Schloten werden abgedrückt, was nicht gut für die Pflanzen ist. Wenn du jetzt versuchst, die Ranken zu entfernen, indem du daran reißt, ziehen sie sich wie ein Knoten zu und du beschädigst die Pflanzen.

Die Wurzeln von Acker-winden sind unglaublich lang. Das heißt leider, dass du sie nicht einfach ausgraben oder wegfräsen kannst. Letzteres macht das Problem sogar nur noch größer.

So sieht Echter Mehltau z. B. auf einer Zucchinipflanze aus. In so einem Fall heißt es: möglichst schnell etwas unternehmen, damit sich der Pilz nicht ausbreitet.

Ein Kapitalfehler ist es, mit der Fräse ein Beet zu bearbeiten, in dem sich Ackerwinden befinden. Denn die Wurzeln werden durch die Fräse in Stücke gerissen, über die Beetfläche verteilt – und du kannst dir sicher sein, dass aus jedem noch so kleinen Wurzelstück eine neue Pflanze entsteht.

Auch wenn Ackerwinden stören wie kaum ein anderes Gewächs: Eine Bekämpfung mit Herbiziden kommt für mich natürlich nicht in Frage. Deine einzige Möglichkeit gegen dieses Problem ist, die Pflanze immer wieder zu schwächen, indem du sofort alles Sichtbare entfernst, sobald es aus der Erde kommt. Mit einem Spargelstecher kannst du ein gutes Stück der Wurzeln entfernen, aber leider nicht alles. Trotzdem hat das den Vorteil, dass es dann länger dauert, bis die Pflanze wieder an die Oberfläche kommt. In der Zeit, wo die Ackerwinde keine Blätter hat, kann sie auch keine Photosynthese betreiben und sich nicht mit Assimilaten stärken. Irgendwann ist die Kraft der Pflanze dann erschöpft und sie geht ein.

Mehltau

Auf den ersten Blick gibt es 2 „Arten" von Mehltau, angefangen mit dem Echten Mehltau, der sich durch einen weißen Belag auf den Blattoberflächen bemerkbar macht und den du mit den Fingern wegwischen könntest.

Daneben gibt es den Falschen Mehltau, der sich bevorzugt auf den Blattunterseiten ansiedelt. Beide Pilzkrankheiten können sich sehr stark ausbreiten und zerstören viel Blattfläche, also wichtige Fläche für die Photosynthese. Werden Gurken und Zucchini früh befallen, ohne dass du etwas unternimmst, kann das mögliche Erntefenster einige Monate kürzer sein.

Eine gute Nachricht gibt es zumindest: Auf den zweiten Blick sind viele Unterarten des Mehltaus teilweise sehr wirtsspezifisch. Wenn also z. B. auf deinem Mangold Echter Mehltau zu sehen ist, ist die Gurkenpflanze direkt neben dem Mangold durch diesen Befall trotzdem nicht gefährdet.

Eine effektive Bekämpfung des Mehltaus mit Hausmitteln ist durchaus möglich. Was noch besser ist: So eine Behandlung kann die Ausbreitung nicht nur verlangsamen, sondern (rechtzeitig und wiederholt angewendet) sogar stoppen. Hierbei kannst du dir eine Eigenschaft des Mehltaus zunutze machen: Er kann es nicht leiden, wenn sich der pH-Wert auf der Blattoberfläche ändert. Das erreichst du u. a. mit verdünnter Vollmilch, Netzschwefel, Backpulver oder Algenkalk.

Der Nachteil: Die Blattunterseiten sind schwieriger mit diesen Mitteln zu erreichen. Deshalb ist es einfacher, den Echten Mehltau auf der Blattoberseite zu bekämpfen als den Falschen Mehltau.

Welches der genannten Hausmittel nun das beste ist, konnte ich für mich noch nicht abschließend klären. Ich teste jedes Jahr mit anderen Dosierungen und Stoffen. Wenn es schnell gehen soll, kann ich aber eine 30%ige Vollmilchlösung empfehlen.

In diesem Video stelle ich die 22 häufigsten Beikräuter vor, die sich gerne in Gemüsegärten zeigen.

Kraut- und Braunfäule

„Phytophthora": Bei diesem Wort bricht Tomaten- und Kartoffelfans schnell mal der Schweiß aus. Übersetzt heißt der Begriff ungefähr so viel wie „die Pflanzenvernichtende". Besser bekannt ist er aber als Kraut- und Braunfäule bei Tomaten bzw. Kraut- und Knollenfäule bei Kartoffeln. Es handelt sich um eine Eipilzart, die es in sich hat: Angefangen mit kleinen Flecken auf den Blättern, kann sie eine Pflanze in kurzer Zeit komplett zerstören.

Du wirst nicht verhindern können, dass sich Tomatenpflanzen früher oder später mit der Kraut- und Braunfäule infizieren. Aber: Du kannst diesen Zeitpunkt so lange herauszögern, dass die Pflanzenkrankheit angesichts des nahenden Winters keine Rolle mehr spielt. Die Sporen verbreiten sich über die Luft und sind oft bereits im Boden, von wo sie die Blätter und die Stiele der Pflanzen erreichen.

Hier können sie sich aber erst vermehren und in die Pflanze eindringen, wenn es für einen gewissen Zeitraum auf der Oberfläche der Pflanze feucht ist.

Du hast bestimmt schon einmal gehört, dass es nicht gut ist, Tomaten im Freiland ungeschützt dem Regen auszusetzen. Dies ist aber nur die halbe Wahrheit. Wichtig ist, dass Feuchtigkeit, die sich auf der Pflanze bildet – dazu gehören auch Kondenswasser und Morgentau – schnell wieder verdunsten kann. Neben einem Regen- und Spritzwasserschutz ist also auch wichtig, dass die Pflanze luftig kultiviert wird. Damit sind das regelmäßige Entfernen der Seitentriebe, das Anbinden und der Abstand zu anderen Pflanzen gemeint. (Tomatenhaken sind für diese Zwecke sehr nützlich – siehe S. 102.) Das gilt natürlich auch für Tomaten im Gewächshaus und im Folientunnel.

Hat sich Phytophthora erst einmal etabliert, ist sie schwer zu bekämpfen, da sie in die Zellen eindringt und sich in der Pflanze weitervermehrt. Es gibt zwar zugelassene und wirkungsvolle Fungizide für den Gewerbsanbau, aber bislang keine wirklich wirksamen Hausmittel wie zum Beispiel beim Mehltau.

Deshalb gilt: Vorbeugung ist die beste Maßnahme. Wenn du weder Tomatendach oder Tunnel noch Gewächshaus hast, solltest du dir einmal freilandgeeignete Tomatensorten wie die ,Sunviva', ,Dorenia' oder ,Vivagrande' anschauen. Diese Sorten sind zwar ebenfalls nicht immun gegen den Angreifer, doch sie besitzen Mechanismen, die dafür sorgen, dass sich der Befall nicht oder nur sehr schlecht in der Pflanze ausbreiten kann.

Bakterien und Viren

Es gibt unglaublich viele Arten von Bakterien und Viren, die Pflanzen befallen können – mit teils gravierenden Folgen. Die Schwierigkeit besteht immer darin, diese zu erkennen, da die sichtbaren Folgen einer Erkrankung sehr vielfältig ausfallen und von einer Mangelerscheinung oder anderen Beeinträchtigungen kaum zu unterscheiden sind. Hinzu kommt, dass du gegen Bakterien oder Viren mit Hausmitteln kaum etwas ausrichten kannst.

Wichtig ist es daher zunächst, die Lage zu beobachten und nicht in Panik zu verfallen. Eine YouTube-Zuschauerin hat mir einmal Fotos einer Gurkenpflanze geschickt. Diese hatte helle Bereiche auf den Blättern, wobei die Blattadern noch dunkel waren. Da die Zuschauerin schon einmal vom Gurkenmosaikvirus gehört hatte, entschied sie sich dafür, alle Pflanzen sofort zu entfernen und zu verbrennen. Dabei wäre das nicht nötig gewesen, da es wohl nur ein Magnesiummangel war und die Pflanzen sich wieder erholt hätten.

Kritisch wird es erst, wenn in sehr kurzer Zeit sehr viele Pflanzen eingehen. Spätestens jetzt solltest du dir Hilfe holen, im Internet oder bei Menschen mit Fachwissen.

NICHT NUR DEINE ERNTE BRAUCHT SCHUTZ: KLEINE GEFAHREN IM GARTEN

Bei der Gartenarbeit wird u. a. der Rücken beansprucht. Da lohnt es sich durchaus, Tipps zum Umgang mit Spaten etc. einzuholen.

Heißt es nicht immer, dass die meisten Unfälle im eigenen Haushalt passieren? Tja, auch der Garten birgt die ein oder andere Gefahr. Wenn du mögliche Risikoquellen kennst, kannst du dich besser davor schützen.

1 Zecken gibt es nur im Wald? Von wegen, auch in Gärten können sie eine Vielzahl an Krankheiten übertragen. Besonders gerne sitzen sie in kniehohen Gräsern und auf anderen Pflanzen. Es ist also schon einmal eine gute Maßnahme, wenn du Gräser an Stellen niedrig hältst, an denen du häufig mit ihnen in Berührung kommst. Zusätzlich gibt es diverse Mittel zum Einsprühen und Einreiben, die Zecken am Zubeißen hindern sollen. Wenn du ganz sicher gehen willst: Informiere dich, welche Krankheiten Zecken in deiner Gegend besonders häufig übertragen und prüfe, ob eine Vorbeugeimpfung für dich in Frage kommt.

2 Sonne und Hitze werden gerne unterschätzt und können zu Sonnenbrand, Hitzschlag oder Sonnenstich führen. Besonders bei der Arbeit im Folientunnel oder in Gewächshäusern kann es im Sommer schnell zu Temperaturen über 50 °C kommen. Ich beschränke meine Arbeit dann auf die frühen Morgenstunden und den Abend, wenn die Temperatur wieder auf ein erträgliches Maß zurückgegangen ist. In so einer Situation ist es wichtig, die eigenen Grenzen zu kennen und Sonnenschutz, Pausen und Flüssigkeitsaufnahme nicht zu vernachlässigen.

3 Wühlmäuse sind nicht nur lästig, wenn sie dein Gemüse anknabbern. Sie bauen ihre Gänge auch unter Wegen – bis du auf einmal mit dem Fuß im Boden versinkst, wenn so ein Gang nachgibt: Vorsicht, Verletzungsgefahr. Wenn du also weißt, dass du Wühlmäuse im Garten hast, solltest du Wege mit Bedacht betreten und Absenkungen, die sich bilden, sofort mit Erde ausgleichen.

4 Ja, es ist ein Klassiker, den man eigentlich nur aus Cartoons kennt – bis es dann tatsächlich passiert: einen Rechen mit den Zinken nach oben abgelegt, ein unbedachter Schritt und zack, du hast den Stiel im Gesicht. Solche und ähnliche Pannen kommen zwar nicht häufig vor, aber sie passieren eben doch hier und da. Behandle also nicht nur eine Kettensäge mit Vorsicht und achte unter anderem darauf, wo und wie du die Geräte ablegst.

5 Einige Nutzpflanzen sind unreif oder in Teilen giftig. Ein paar Beispiele: Bei Tomaten sind nur die reifen Früchte essbar, alle anderen Pflanzenteile oder unreife Tomaten enthalten Solanin. Wenn Petersilie blüht, solltest du sie nicht mehr ernten, denn der Stoff Apiol ist dann in allen Pflanzenteilen, besonders aber in den Samen zu stark konzentriert. Rohe Bohnen solltest du auf gar keinen Fall essen, da das Protein Phasin schon in geringen Dosen zu Bauchschmerzen und Übelkeit führen kann.

6 Rückenschmerzen nach der Gartenarbeit treten meistens auf, wenn Gartengeräte falsch benutzt wurden, du zu schwer gehoben oder ungewöhnliche Bewegungen vollzogen hast. Die Handhabung der Geräte mag auf den ersten Blick so selbsterklärend scheinen – aber lass dir am besten einmal von Leuten mit viel Erfahrung (oder sogar medizinischem Hintergrund) zeigen, wie du Spaten, Grabegabel und Co. ergonomisch sinnvoll verwendest.

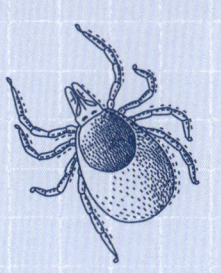

WAS HAT MEINE PFLANZE?

Oje: Auf einmal sieht deine Pflanze richtig komisch aus. Flecken auf den Blättern, Beulen oder Verfärbungen, die Früchte fallen ab und trotz genügend Wasser lässt sie die Blätter hängen … Du hast so etwas noch nie gesehen und deine erste Recherche ergibt kein eindeutiges Ergebnis. Also schaust du dich im Internet um, da niemand in deinem direkten Umfeld Pflanzenprofi ist. Und wofür gibt es all die Foren und Gruppen in sozialen Netzwerken etc., wo du anderen deine Fragen stellen kannst?

Das Problem ist: Du weißt nie, wer dir da antwortet und ob diese Person nicht einfach ins Blaue rät. Mach einmal einen Versuch – sammle die Antworten, die da kommen und vergleiche sie später, indem du gezielt danach suchst.

Du siehst auf der rechten Seite, dass viele unterschiedliche Antworten auf die Frage gegeben wurden, warum die Blätter der Pflanze so hell sind. Eindeutiger hätten diese Antworten vielleicht ausfallen können, wenn die Frage gezielter gestellt gewesen wäre:

„Meine Tomatenpflanze hat auf einmal hellgrüne/gelbe Blätter bekommen. Die unteren waren zuerst betroffen, nach oben hin sehen die Blätter normal grün aus. Das ist die Sorte ‚Ochsenherz Orange' und ich habe die vor 2 Wochen in meinen Folientunnel gepflanzt. Was kann das sein?"

Aus einer so formulierten Frage gehen viele Informationen hervor. Die wichtigste ist in diesem Fall, dass die Gelbverfärbung zuerst bei den unteren, älteren Blättern auftritt und der Neuaustrieb normal grün ist. Mit 95%iger Sicherheit liegt hier ein Stickstoffmangel vor. Auch wenn der Hinweis auf Sorte und Standort in diesem Fall nicht unbe-

dingt nötig war, gibt es doch reichlich andere Fälle, wo genau solche Informationen wichtig für eine hilfreiche Antwort sind. Mit anderen Worten: Wenn du Fragen zu deiner Pflanze stellst, gib lieber etwas zu viele Informationen als zu wenige.

Sehr wichtig ist es, Fotos von der gesamten Pflanze zu zeigen und nicht nur von einem einzelnen gelben Blatt. So lässt sich sehr viel einfacher eingrenzen, wo das Problem liegt.

Nicht zuletzt bleiben ja noch die guten alten Bücher zum Nachschlagen. Sie sind natürlich heutzutage als Informationsquelle nicht out – wenn ich mich nicht täusche, hältst du immerhin gerade eins in Händen. Ich selbst schlage bei Fragen meistens zuerst in der Literatur nach und befrage zusätzlich die Internet-Community, wenn ich ansonsten keine eindeutige Antwort finden konnte.

Die Top 23 Gemüsesorten für die Selbstversorgung

Jedes Jahr dieselbe spannende Frage: Was baue ich an? Neben den Gemüsearten wie Kartoffeln, Zucchini oder Tomaten, die dir eine (relativ) sichere Ernte bescheren, gibt es doch bestimmt auch Pflanzen, von denen du schon mal gehört oder gelesen hast, auf die du einfach neugierig bist. Lass dich niemals davon abhalten, etwas zu probieren, nur weil andere schreiben, der Anbau sei schwierig.

Bei mir gibt es jedenfalls einige Pflanzen, die jedes Jahr in den Garten müssen. Von den bewährten Kandidatinnen probiere ich regelmäßig neue Sorten aus, bis ich diejenigen finde, die unter anderem super Erträge bringen und fantastisch schmecken. Dazu kommen aber auch immer neue Arten, mit denen ich es einfach mal versuchen möchte.

Letztes Jahr ist der Yacón (siehe S. 181) hinzugekommen – eine superspannende Pflanze, deren Knollen ich noch nie in einem Geschäft gesehen habe.

Falls du noch keine konkreten Ideen hast, mit welchen Pflanzen du loslegen könntest, findest du im Anschluss einen Überblick über 23 Klassiker für den eigenen Garten.

Achtung:
Die Angaben zu Faktoren wie der Aussaat basieren darauf, was in meiner Region gut funktioniert. Bitte beachte die Informationen eher als Orientierungshilfe und bedenke, dass die Zeitpunkte an deinem Wohnort (je nach Witterung) ggf. etwas variieren können. Auch die Sorte ist oft ausschlaggebend dafür, welcher Aussaatmonat tatsächlich am besten ist. Orientiere dich im Zweifelsfall an den Angaben auf dem Saatgut-Päckchen. Und: Beobachte einfach mal über ein Jahr hinweg, was funktioniert und was nicht. Wenn du alles in deinem Gartenbuch dokumentierst, ist das auf lange Sicht dein bester Leitfaden in Sachen Sortenwahl, Aussaat-, Vorzucht- oder Erntezeitpunkt.

#1 **Zucchini**

Botanischer Name	*Cucurbita pepo*
Standort	sonnig, halbschattig
Nährstoffbedarf	Starkzehrer
Pflanzenfamilie	Kürbisgewächse
Pflanzabstand	mind. 100 x 100 cm
Tipp	Ernte Zucchini, sobald sie 15–20 cm groß sind, oder lass sie groß werden und lagere sie ein. Je früher du erntest, desto mehr neue Früchte kommen.

Ich verwende bei Zucchini u. a. Schafwollpellets zum Düngen.

Zucchini – egal, ob klassisch grün, gelb, gestreift oder rund – sind zum Sinnbild einer Ernteschwemme geworden, die wohl allen bekannt ist, die diese Gartenkürbis-Art schon einmal selbst gezogen haben. Der Anbau ist sehr einfach und beginnt bei mir im Haus Mitte April – nicht vorher, da die Jungpflanzen sehr schnell wachsen und sonst den kompletten Raum auf der Fensterbank einnehmen. Hast du die Aussaat verpasst, kannst du die recht großen Samen auch ab Mitte Mai direkt ins Freiland aussäen.

Für die Voranzucht nehme ich entweder einen 9er-Topf oder eine Multitopfplatte mit größeren Einzeltöpfen (z. B. eine 24er- oder 35er-Platte). Ich stecke meistens 2 Körner in einen Topf und pflanze sie, wenn beide aufgehen, auch so ins Beet. Die beiden Pflanzen werden dann zwar jeweils nicht so groß wie bei einer Einzelpflanzung, aber in der Summe erntest du trotzdem mehr auf demselben Raum.

Wenn du Probleme mit Schnecken im Garten hast, empfiehlt sich ein Schneckenkragen, um die Jungpflanzen zu schützen. Dieser bleibt so lange um die Pflanze, bis du ihn gerade noch wegnehmen kannst.

Zucchini bilden viel Blattmasse und später sehr viele Früchte. Also brauchen sie auch viele Nährstoffe. Als Dünger kommt bei mir eine Handvoll Schafwollpellets gemischt mit Hornspänen in das Pflanzloch, wo alles gut mit der Erde vermischt wird. Eine Nachdüngung später im Jahr ist meistens nicht notwendig.

Zucchini bilden männliche und weibliche Blüten. Die weiblichen Blüten erkennst du daran, dass der Fruchtansatz direkt unter der Blüte gebildet wird – dieser sieht wie eine Mini-Zucchini aus. Die männlichen Blüten sind für die Bestäubung wichtig. Hin und wieder kommt es vor, dass sich am Anfang nur männliche Blüten bilden. In so einem Fall ist einfach nur Geduld gefragt, die weiblichen Blüten kommen mit der Zeit.

Ernte die Zucchini, sobald sie ca. 15–20 cm groß sind. Dann bilden sich schneller neue Früchte.

Der größte Feind der Zucchinipflanze ist der Mehltau. Ein starker Befall der Blätter mit diesem Pilz kann die Lebenszeit der gesamten Pflanze enorm verkürzen. Im Kapitel „Schütze deine Ernte" (S. 118) stelle ich dir einige Hausmittel vor, mit denen du den Mehltau erfolgreich stoppen oder verlangsamen kannst.

Was den Platz im Beet betrifft, solltest du wissen: Zucchinipflanzen können enorm groß werden. 1 m² solltest du pro Pflanze mindestens einplanen – lieber etwas mehr, damit die Kultur luftig bleibt. Was Mischkulturen anbelangt, bin ich da recht entspannt. Es heißt oft, dass Gurken und Kürbisse nicht direkt neben Zucchini wachsen sollen, damit sich der Mehltau nicht von einer Pflanze zur nächsten ausbreiten kann. Ob das wirklich so ist, kann ich nicht beurteilen, da Mehltau sehr viele Unterarten hat, die auf bestimmte Wirte spezialisiert sind. Mich stört vielmehr, dass die Gurken und Kürbisse mit der Zeit in die Zucchini ranken. Bei den Fruchtfolgen achte ich darauf, dass ich die Pflanzen dahin setze, wo vorher kein anderes Kürbisgewächs stand.

Du willst (noch) mehr Zucchini? Dann achte auf die richtige Fruchtgröße bei der Ernte.

#2 Tomaten

Botanischer Name	*Solanum iycopersicum*
Standort	sonnig, geschützt
Nährstoffbedarf	Starkzehrer
Pflanzenfamilie	Nachtschattengewächse
Pflanzabstand	ca. 40 cm
Tipp	Achte darauf, ob eine Sorte für den ungeschützten Anbau im Freiland geeignet ist.

142
143

Tomaten sind immer nur rot? Von wegen. Die Ernte kann je nach Sortenwahl richtig bunt ausfallen.

Ein Highlight in jedem Gartenjahr sind ohne Frage die eigenen Tomaten. Ich liebe die Vielfalt an Geschmack, Farbe, Formen und Texturen. Früher dachte ich, dass Fleischtomaten wässrig und eher nach nichts schmecken – wie man es eben aus dem Supermarkt kennt. Im privaten Anbau kann das Ergebnis völlig anders ausfallen: Heute bin ich ein riesiger Fan großer Tomaten wie der Ananastomate.

Wenn du einmal den Dreh mit den Tomaten raushast, kannst du fantastische Ernten einfahren und sogar deine eigene Tomatensoße einkochen und in Gläsern abfüllen.

Wichtig ist zu wissen, dass die Tomatenpflanze viele Feinde hat, die meisten davon Pilze und allen voran die Kraut- und Braunfäule (Phytophthora, mehr dazu auf S. 132). Viele Pflegemaßnamen und Bemühungen zielen darauf ab, dass die Pflanze so lange wie möglich von diesem Pilz verschont bleibt. Er verbreitet sich bevorzugt, wenn es sehr feucht ist, z. B. durch Regen oder hohe Luftfeuchtigkeit.

Die erste Maßnahme beginnt, bevor du überhaupt einen Samen in der Hand hast: bei der Sortenauswahl. Es gibt Sorten, die einigermaßen resistent gegen Phytophthora sind und die du sogar im Freiland anbauen kannst. Hast du ein Tomatendach, einen Tunnel oder ein Gewächshaus, stehen dir viele tausend Tomatensorten zur Verfügung. Sorten, die für das Freiland geeignet sind, gibt es zwar immer mehr, im Vergleich zur Gesamtheit aller Tomatensorten sind es aber nur eine Handvoll.

Die Voranzucht beginnt bei mir Mitte bis Ende März (oder später) im Haus, ohne Kunstlicht auf der Südfensterbank. Das Ziel ist es, dass Mitte Mai sowohl die Freilandtomaten als auch die Tomaten für den Folientunnel ungefähr 10–20 cm groß sind, sodass sie bequem ausgepflanzt werden können. Du kannst, wenn du Möglichkeiten wie Kunstlicht und genügend Platz hast, auch früher aussäen. Nicht selten werden Tomaten schon Anfang oder Mitte April in den Folientunnel oder das Gewächshaus gepflanzt, was natürlich immer mit einem gewissen Risiko verbunden ist. Ich setze die Tomatenpflanzen mit einem Abstand von ca. 40 cm in die Erde.

In den Boden kommen vorher einige Schafwollpellets und Hornspäne. Später wird bei Bedarf, wenn z. B. die Blätter gelblich werden, mit Brennnesseljauche (siehe S. 93) flüssig nachgedüngt. Ab Juli bekommen meine Tomaten noch einen Flüssigdünger, der einen besonders hohen Kalium- und Phosphoranteil, aber wenig Stickstoff hat. Warum weniger Stickstoff? Weil das zu diesem Zeitpunkt nicht mehr nötig ist: Der Stickstoff ist hauptsächlich für das Streckenwachstum der Pflanze verantwortlich, ab Juli ist es aber wichtiger, dass Blüten gebildet werden und Früchte reif werden – und dabei unterstützt der Kalium- und Phosphoranteil im Dünger.

Damit die Tomatenpflanzen nicht abknicken, müssen sie angebunden werden. Im Freiland benutze ich Stäbe oder Latten und im Folientunnel Tomatenhaken (mehr dazu auf S. 102).

Über die Saison ist es wichtig, die Kultur „luftig" zu halten. Dazu entferne ich regelmäßig alle Geiztriebe und auch die Blätter unter dem untersten abgeernteten Fruchtstand. Das ist sehr wichtig, damit die Tomatenblätter, wenn sie feucht werden, schnell trocknen und keine Pilzsporen auf den Blättern „keimen" können.

Die Pflanze muss mit der Zeit ein ordentliches Gewicht tragen und braucht entsprechend eine Stütze.

Auch das richtige Gießen kann einen Pilzbefall verhindern. Gießt du einfach mit der Gießkanne oder, noch schlimmer, mit dem Gartenschlauch auf die Erde neben die Pflanze, wird die Erde aufgewirbelt. Sie landet auf der Pflanze – und mit ihr die Pilzsporen. Du kannst auf mehrere Arten erfolgreich verhindern, dass das passiert: mit trockenem Heu um die Pflanze mulchen, ein Mulchvlies einsetzen oder sogar eine Tropfbewässerung installieren (wie auf S. 60 beschrieben).

Vor Ende der Saison, ungefähr Ende September oder Anfang Oktober, kannst du den Haupttrieb „köpfen". So steckt die Pflanze ihre ganze Kraft in das Abreifen der Tomaten; neue Früchte, die sich jetzt noch bilden, würden ohnehin nicht mehr reif. Vor den ersten kalten Nächten kannst du grüne Tomaten aber noch ernten und im Haus zusammen mit einem Apfel in eine Kiste legen. Dieser strömt ein Reifegas aus, sodass im besten Fall doch noch viele Tomaten rot werden.

Es wird kalt, aber die Tomaten sind teilweise noch sehr hell? Dann hilft es ggf., wenn du einen Apfel zur Ernte legst.

#3 Kartoffeln

Botanischer Name	*Solanum tuberosum*
Standort	sonnig
Nährstoffbedarf	Starkzehrer
Pflanzenfamilie	Nachtschattengewächse
Pflanzenabstand	ca. 30–35 cm
Tipp	Pflanze Kartoffeln zeitversetzt, um eine frühe und eine Herbst-Ernte zu haben. Der Anbau in großen Kübeln funktioniert sehr gut.

Die Kartoffel war und ist eine der Pflanzen, die für reiche Ernte und Bevorratung stehen. Kartoffeln in den Boden legen und ein paar Monate später ernten: So einfach kann es sein, auch wenn Kartoffelkäfer, Wühlmäuse und Pilzkrankheiten immer wieder versuchen, es den Pflanzen schwer zu machen.

Wie immer fängt der Anbau mit der Sortenwahl an, und hier wartet schon das erste häufige Missverständnis – Früh- und Spätkartoffeln. Die Bezeichnungen „früh" und „spät" beziehen sich nicht darauf, wann eine Kartoffel in den Boden kommt – sondern darauf, wie lange die Zeit von der Pflanzung bis zu Ernte ist. Weitere Sortenmerkmale sind Größe, Form, Farbe, Lagerfähigkeit, Kocheigenschaften und Resistenzen gegen bestimmte Krankheiten.

Die meisten meiner Pflanzkartoffeln sind Bio-Speisekartoffeln aus dem Supermarkt. Diese sind günstig, nicht mit keimhemmenden Mitteln behandelt und auf dem Etikett stehen fast immer die Sorte und das Herkunftsland.

Wenn es nicht zu kalt ist – starke Fröste sollte es nicht mehr geben –, kommen die Kartoffeln bereits Anfang April in den Boden, in einem sehr milden Frühjahr auch schon im März. Ein leichter Nachtfrost ist jetzt erst einmal nicht so schlimm, da es eine Zeit dauert, bis die empfindlichen Triebe ans Tageslicht kommen. Das hat bei Frühkartoffeln mit einer ungefähren Kulturzeit von 3 Monaten den Vorteil, dass in den Beeten bereits im Juni wieder Platz für Folgekulturen ist.

Bei der Pflanzung kannst du dich entscheiden, ob du die Kartoffeln in den Boden legst und später, wenn die Pflanzen wachsen, anhäufelst, oder ob du sie direkt in Dämme pflanzt. Anhäufeln bedeutet, dass du mit dem Spaten Erde um die Triebe schüttest, den Damm also praktisch um die Pflanzen baust. Der Sinn dahinter ist, dass später keine Kartoffeln an die Oberfläche geraten. Wenn sie dort dem Licht ausgesetzt sind, werden sie grün und somit giftig.

Die Pflanztiefe liegt bei ca. 10–15 cm, der Abstand beträgt idealerweise ca. 30–35 cm. Achtung: Der Boden sollte vorher tiefgründig gelockert werden. Dabei kannst du praktischerweise direkt Dünger wie Schafwollpellets einarbeiten.

Das Schöne bei Kartoffeln ist: Sie bilden zügig so viel Blattmasse, dass der Boden zwischen den Pflanzen schnell beschattet wird und Beikräuter nicht gut gedeihen.

Bei der Ernte arbeitest du am besten mit einer Grabegabel. Diese setzt du ca. 30 cm von der Pflanze entfernt an und hebst den Boden mit den Kartoffeln hoch. Durch das langsame Vortasten an die Pflanze verhinderst du, dass Kartoffeln beschädigt werden. Sollte das doch einmal passieren, nimm die betroffenen Exemplare gleich mit in die Küche, statt sie einzulagern. Kontrolliere generell auch die gelagerten Kartoffeln hin und wieder mal, ob einzelne davon vielleicht faulen oder schimmeln – das könnte schnell auf die anderen Kartoffeln überspringen.

Kartoffeln haben übrigens kein wirkliches Reifestadium. Sie lassen sich bereits verwerten, wenn sie noch sehr klein sind. Um eine gute Lagerfähigkeit zu erzielen, solltest du aber schauen, dass deine Kartoffeln ungefähr die Größe haben, die in der Sortenbeschreibung angegeben ist, und kleinere Exemplare zuerst verwerten.

146

147

Von den ersten Trieben …

… bis zum großzügigen Blattwerk dauert es oft gar nicht allzu lang.

Gurken

Botanischer Name	*Cucumis sativus*
Standort	sonnig, halbschattig
Nährstoffbedarf	Starkzehrer
Pflanzenfamilie	Kürbisgewächse
Pflanzenabstand	ca. 30 cm
Tipp	Leite Gurken im Gewächshaus mit Tomatenhaken hoch. So sparst du viel Platz und hast eine lange Ernte.

Mit 2–3 ertragreichen Gurkenpflanzen kannst du eine enorme Ernte erzielen. Berücksichtige aber bei der Sortenwahl immer den kulinarischen Zweck: Frischverzehr, Einlege- oder Schmorgurken. Als Salatgurken werden meistens (große und kleine) Schlangengurken verwendet, wie du sie aus dem Supermarkt kennst. Dabei lassen sich jegliche anderen Gurkensorten frisch verzehren, also auch Einlegegurken. Schlangengurken werden meistens, wie Tomaten, an Schnüren hochgeleitet – gerne mithilfe von Tomatenhaken, um sie später umzuhängen (siehe S. 102).

So kannst du auf kleinem Raum maximale Erträge erzielen, da du die Pflanzen in die Höhe führst. Eine andere Option ist es, die Gurken – wie bei Einlegegurken üblich – über den Boden oder an etwas herunter wachsen zu lassen (z. B. einer Hochbeet-Wand).

Wie bei den meisten Pflanzen solltest du auch den Gurken im nächsten Jahr einen neuen Standort spendieren. Im professionellen Anbau sind die meisten Schlangengurkenpflanzen veredelt. Die Unterlagensorte ist stark wüchsig und verhindert, dass Pilze aus dem Boden in die Pflanze gelangen und diese abtöten. Das ist im Privatgarten sicher nicht nötig, aber ich bin dazu übergegangen, mir neben meinen vielen selbst ausgesäten Pflanzen immer eine veredelte zu kaufen – nur zur Sicherheit.

Bei einigen Gurkensorten ist es sinnvoll, ihnen eine Wuchshilfe nach oben zu bieten.

Die Anzucht beginnt bei mir Mitte April, mit dem Ziel, spätestens Mitte Mai ins Freiland auspflanzen zu können. Für den Tunnel oder das Gewächshaus kannst du auch 2–3 Wochen früher loslegen. Achtung: Ein häufiger Fehler bei Gurken ist es, viel zu früh zu beginnen, also bereits zwischen Januar und März. Die Pflanzen wachsen sehr schnell und haben dann schon Mitte April keinen Platz mehr im Haus.

Da bei der Anzucht und später im Garten mit Gurken einiges schieflaufen kann, lohnt es sich, im Juni nochmal nachzusäen. So kannst du deine Pflanzen, die vielleicht von Mehltau befallen sind, durch frische austauschen.

Gurkenpflanzen bilden viele Ranken und Blätter. Dementsprechend benötigen sie eine Menge Nährstoffe. Wie auch die Tomaten bekommen sie bei mir eine Portion Schafwollpellets und einige Hornspäne. Haben sie zu wenig Stickstoff, zeigen sie dir das sehr schnell mit gelb werdenden Blättern. Dann ist es nötig, die Nährstoffe flüssig zuzugeben, z. B. in Form von Jauche.

Bei Gurken, die ich über den Boden ranken lasse, stehen eigentlich keine Pflegemaßnahmen an. Bei hochgeleiteten Gurken wiederum entferne ich meistens die Seitentriebe. Wenn die Pflanze veredelt ist, ist es kein Problem, auch 2 Haupttriebe stehenzulassen. Ein Trick, den ich in einer Gärtnerei gesehen habe: Ein Seitentrieb darf so lange wachsen, bis sich eine Frucht gebildet hat. Nach der Frucht bleiben 2 Blätter stehen, dann wird der Trieb gekappt.

Auch wenn du einmal sehr viele Gurken hast, solltest du immer alle ernten. Lässt du die Früchte an der Pflanze, steckt diese viel Energie in die Ausreifung – tatsächlich werden Gurken unreif geerntet – und so bilden sich weniger neue Früchte.

Das größte Problem bei Gurken ist Mehltau, aber auch Spinnmilben können den Pflanzen stark zusetzen. Gegen diese Milbenart gibt es Nützlinge, die du im Internet bestellen kannst. Die winzigen Raubmilben bekämpfen die Spinnmilben sehr effektiv. Letztere fühlen sich wohl, wenn es sehr trocken ist. Aus diesem Grund wird empfohlen, Tomaten und Gurken nicht in ein Gewächshaus oder einen Folientunnel zu setzen. In der Praxis mache ich dies dennoch, allein schon aus Platzgründen. Allerdings kommen die Tomaten in den vorderen Bereich und die Gurken nach hinten, da hier die Luftfeuchtigkeit höher ist. Bislang hat das immer sehr gut funktioniert.

#5 Zwiebeln

Botanischer Name	*Allium cepa*
Standort	sonnig
Nährstoffbedarf	Mittel-/Schwachzehrer
Pflanzenfamilie	Liliengewächse/Zwiebelgewächse
Pflanzenabstand	je nach Sorte 10–20 cm
Tipp	Achte bei Zwiebeln und anderen Lauch-/Liliengewächsen auf die Fruchtfolge.

Mit Zwiebeln kannst du im Grunde nicht viel falsch machen.

Zwiebeln sind, auch wenn du gerade erst mit dem Gärtnern beginnst, eigentlich eine sichere Sache. Im Herbst oder Frühjahr setzt du Steckzwiebeln an einen Platz, wo die letzten 3 Jahre keine anderen Lauchgewächse standen. Der ideale Abstand von Zwiebel zu Zwiebel im Beet beträgt dabei je nach Sorte zwischen 10 und 20 cm. Dann bleibt nicht viel zu tun, außer fleißig regelmäßig Beikräuter zu entfernen und im April oder Mai (bei Zwiebeln aus dem Herbst schon im März) etwas Brennnesseljauche hinzuzugeben. Im Sommer, wenn das Grün vertrocknet ist, kannst du dann ernten – nach Bedarf auch schon früher. Du hast dann zwar kleinere Zwiebeln, aber den frischen Lauch kostenlos dazu.

Das oben beschriebene Schema beim Pflanzen und Entfernen von Beikraut wende ich jedes Jahr an, habe es allerdings seit einigen Jahren erweitert. Was du auf dem Markt an Steckzwiebelsorten bekommst, ist überschaubar – sehr überschaubar. Die Anzahl der Sorten, die als Saatgut erhältlich sind, ist weitaus höher. Ja, die Aussaat macht etwas mehr Arbeit, lohnt sich aber auf jeden Fall. So habe ich Gemüsezwiebeln, italienische, rote, längliche Sorten und französische Sorten mit rosa Schale.

Du kannst das Zwiebelsaatgut direkt ins Beet säen. Die große Kunst dabei ist es, den richtigen Saat-Abstand zu wählen – keimen die Zwiebeln zu dicht, musst du ausdünnen. Ich bin dazu übergegangen, Zwiebelsamen in einer Multitopfplatte mit 77 Einzeltöpfchen vorzuziehen – pro Töpfchen ein Samenkorn. Das funktioniert bestens und so kann ich die Abstände beim späteren Auspflanzen genau festlegen, je nachdem, wie groß die Sorte wird.

Mit Lauchzwiebeln mache ich es genauso, nur mit dem Unterschied, dass in ein Töpfchen der Multitopfplatte 5–8 Samenkörner kommen. Bevor du dich aber an die Arbeit machst, lohnt sich eine Keimprobe (S. 72) mit einigen Saatkörnern, da Zwiebelsaatgut innerhalb weniger Jahre die Keimfähigkeit verliert.

Knoblauch

Botanischer Name	*Allium sativum*
Standort	sonnig
Nährstoffbedarf	Mittelzehrer
Pflanzenfamilie	Lauchgewächse/Amaryllisgewächse
Pflanzenabstand	ca. 20 cm Abstand
Tipp	Um große Knollen zu erhalten, ist die Düngung im Frühjahr unverzichtbar.

Ich würde so weit gehen zu sagen, dass eigener Knoblauch für mich genauso wichtig ist, wie es die eigenen Tomaten sind. Ich bin inzwischen dazu übergegangen, Knoblauch im Herbst zu stecken, von Mitte Oktober bis Anfang November. (Grundsätzlich ist der Anbau aber auch im Frühjahr möglich, im Februar und März.) Die einzelnen Zehen kommen dabei mit 20 cm Abstand in der Reihe ca. 2 cm unter die Erde. In den nächsten Monaten wirst du nur einige Zentimeter Grün aus dem Boden kommen sehen, welches selbst starkem Frost und Schnee trotzt. Ende Februar, Anfang März beginnt dann aber das eigentliche Wachstum.

Das Frühjahr ist auch die Zeit, in der du den Knoblauch mit Flüssigdünger versorgen solltest. Ich verwende dafür stark mit Wasser verdünnten Hühnermist. Du kannst aber genauso gut einen anderen stickstoffreichen Dünger verwenden. Diese Düngung wiederhole ich bis Ende April noch ein- bis zweimal. Glaub mir, diese Maßnahme macht den Unterschied, ob du später kleinen oder großen Knoblauch erntest.

Die Vorteile des Überwinteranbaus liegen in einer früheren Ernte im Folgejahr und darin, dass dein Boden durch die Bepflanzung auch im Winter geschützt ist. Wie gesagt, Knoblauch hält sehr gut Frost aus, wenn du die richtigen Sorten für den Herbstanbau verwendest. Ich habe z. B. gute Erfahrungen mit ‚Sprint‘, ‚Therador‘, ‚Flavor‘, ‚Messidor‘, ‚Ljubascha‘, ‚Germidour‘ oder ‚Garpek‘ gemacht. Aber Achtung: Den Knoblauch abzudecken kann sich negativ auswirken, wenn er dadurch im Winter zu stark wächst und damit seine Frostfestigkeit verliert. Auch eine zu frühe Pflanzung sorgt dafür, dass die Pflanzen zu groß werden und im Winter Schaden nehmen können.

Es ist wichtig, den Knoblauch die gesamte Saison frei von Beikräutern zu halten, da er sonst schnell überwuchert wird.

Was Insektenbefall angeht, können beim Knoblauch in erster Linie die Lauchminierfliege und die Zwiebelfliege lästig werden. Ein Gemüseschutznetz ab dem Frühjahr ist hier eine effektive Hilfe.

Wie groß der Knoblauch bei der Ernte ausfällt, hängt u. a. davon ab, ob er genug gedüngt wurde.

7

Bohnen

Botanischer Name	*Phaseolus vulgaris*
Standort	sonnig/halbschattig, geschützt
Nährstoffbedarf	Schwachzehrer
Pflanzenfamilie	Schmetterlingsblütler
Pflanzenabstand	je nach Sorte; Angaben auf Saatguttütchen beachten
Tipp	Wenn du aus Zeitgründen nicht alle Bohnen jung ernten kannst, lass sie in der Hülse reifen und ernte die Kerne.

Bohnen sind eine sehr einfache und ertragreiche Kultur und gelingen fast immer. Es gibt unzählige Sorten: Buschbohnen, Stangenbohnen, Feuerbohnen, Sojabohnen, Dicke Bohnen ... Falls du dich auf den ersten Blick nicht so recht entscheiden kannst, hier ein kleiner Überblick.

Buschbohnen haben meistens nur einen sehr niedrigen Wuchs und brauchen (mit Ausnahme weniger Sorten) keine Rankhilfe. Du kannst sie für die Hülsen anbauen, oder um später die Kerne zu erhalten. Für Letzteres sind spezielle Trockenbohnenarten wie Kidneybohnen besonders gut geeignet. Wenn du die Hülsen ernten möchtest, sparst du dir mit fadenlosen Sorten nach der Ernte viel Arbeit. Wobei diese aber streng genommen eigentlich „spät fädenbildende Sorten" heißen sollten, denn irgendwann bilden alle Sorten Fäden. Je früher du

Die meisten Buschbohnen-Sorten brauchen weder als Jungpflanzen (wie hier im Bild) noch im größeren Stadium eine Rankhilfe.

erntest, umso geringer ist aber das Risiko, die harten Fäden im Essen zu haben. Bei Buschbohnen bevorzuge ich die Horstsaat. Das heißt, dass ich pro Loch immer 5–8 Bohnen in einer Saattiefe von 1–3 cm ablege, den nächsten Horst dann in ca. 20 cm Abstand. So ist der Raum gut ausgenutzt. Die erste Aussaat findet Mitte April statt, die letzte Anfang August (im Folientunnel auch noch später).

Stangenbohnen kannst du ebenfalls für die Hülsen oder die Kerne anbauen, und wieder gibt es Sorten mit mehr oder weniger harten Fäden. Der Hauptunterschied ist, dass Stangenbohnen (wie der Name schon sagt) eine Rankhilfe benötigen. Früher waren dies meistens Holzstangen – du kannst aber auch Zäune, Gitter oder gespannte Schnüre verwenden. Wichtig ist nur, dass die Rankhilfe mindestens 2 m hoch ist. Ich säe in der Zeit von Anfang Mai bis Ende Juni immer 5–10 Bohnenkerne um eine Stange herum.

Die Rankhilfe für Stangenbohnen sollte 2 m oder noch höher sein.

Feuerbohnen laufen bei vielen einfach unter „Stangenbohnensorte" – aber eigentlich sind sie eine eigene Bohnenart. Die sehr schön rot blühenden Pflanzen haben eine enorme Wuchskraft und können in nur einer Saison Zäune oder eine Pergola komplett überranken.

Dicke Bohnen werden auch Ackerbohnen, Saubohnen oder Puffbohnen genannt. Das Besondere ist ihre sehr gute Kältetoleranz. Mein Garten liegt im Rheinland und hier war es lange Tradition, Dicke Bohnen schon im Winter auszusäen, genauer gesagt im Februar. Es gibt sogar Sorten wie die ‚Priamus', die im Herbst gesät werden und als kleine Pflanze im Freiland überwintern.
Aber auch wenn Dicke Bohnen traditionell im Winter bzw. (sehr frühen) Frühjahr ausgesät werden, kannst du sie problemlos nochmal im Juni oder Juli aussäen.

Soja wird inzwischen auch gerne in deutschen Kleingärten angebaut, um später Edamame oder, bei größeren Mengen, eigenen Tofu zu machen. Der Wuchs ist etwas höher als bei den meisten Buschbohnensorten; Sojabohnen benötigen aber in der Regel keine Stütze. Auch wenn meistens die Aussaatzeit mit Mitte April angegeben wird, warte ich mit der Direktsaat bis Mitte Mai, da Soja im Vergleich zu anderen Bohnenarten wärmeliebender ist.

Oft heißt es, mit dem richtigen Aussaattermin lasse sich ein Befall mit der schwarzen Bohnenlaus verhindern. Ich persönlich kann das nicht bestätigen, da sich bei mir im Naturgarten meistens Marienkäfer rechtzeitig um diese auf Ackerbohnen spezialisierte Blattlausart kümmern.

Bleibt noch die gern gestellte Frage: Bohnen direkt säen oder vorziehen? Auch hier kann ich nur aus eigener Erfahrung sprechen, aber für mich ist die Direktsaat das Mittel der Wahl. Sie bedeutet erstens weniger Arbeit und zweitens wird dadurch wertvoller Voranzucht-Platz gespart. In kälteren Regionen kann eine Voranzucht allerdings sinnvoll sein, um nach der Kälte fertige Pflanzen zu haben. Allgemein würde ich empfehlen, mit Bohnen lieber etwas später anzufangen. Liegen sie zu lange und bei zu niedrigen Temperaturen im Boden, können sie verfaulen.

8

Salate

Standort	sonnig
Nährstoffbedarf	Mittel-/Schwachzehrer
Pflanzenfamilie	je nach Sorte: Korbblütler, Geißblattgewächse oder Kreuzblütler
Pflanzenabstand	sortenabhängig
Tipp	Salat zeitversetzt anzubauen ist wichtig, damit du immer etwas zu ernten hast.

Bevor es mit den Salaten losgeht, stellt sich erst einmal die Frage, was überhaupt Salate sind. Ich verstehe darunter Blattgemüse, welche vornehmlich roh gegessen werden. Das können sehr unterschiedliche Pflanzen mit unterschiedlichen Ansprüchen sein. Um es einfacher zu machen, habe ich die verschiedenen Arten von Salaten in folgende Gruppen eingeteilt:.

Gruppe 1 → Korbblütler (*Asteraceae*) der Gattung Lattiche: Klassische Kopfsalate, Bataviasalate, Romanasalate, Eissalat usw. (Diese Gruppe nenne ich „Normale Salate", weil meistens diese Sorten gemeint sind, wenn von Salaten die Rede ist.)
Gruppe 2 → Korbblütler (*Asteraceae*) der Gattung Wegwarten: Endiviensalate, Radicchio, Zuckerhutsalate, Chicorée usw. (Faustregel: Alle Salate in dieser Gruppe sind etwas bitter und mögen es kühl.)
Gruppe 3 → Geißblattgewächse, Unterfamilie Baldriangewächse (*Valerianoideae*): Feldsalat
Gruppe 4 → Kreuzblütler (*Brassicaceae*): Rucola, Asiasalate

Der Asiasalat ‚Mizuna' ist im Geschmack besonders mild.

Was Fruchtfolgen anbelangt, sind die meisten Salate sehr unkompliziert. Salat auf Salat zu pflanzen funktioniert einige Jahre sehr gut – nur für die Kreuzblütler suche ich in jedem Jahr einen neuen Platz.

Die meisten Salate ziehe ich vor, es sei denn, ich möchte Schnittsalat. Dann nutze ich auch (überschüssiges) Saatgut von ganz normalem Kopfsalat oder mische Sorten und säe die Samen relativ dicht direkt ins Beet. Aufgrund des geringen Platzangebots bilden sich keine Köpfe, nur Blätter. Diese kannst du einige Male abschneiden – Vorsicht: nicht zu tief – damit sich immer wieder sich neue Blätter bilden. Die ersten Voranzuchten können bereits im Februar im Haus am besten in einem kühlen Raum beginnen, um Frühbeete oder Folientunnel ab März zu bepflanzen.

Romanalsalate bilden kleine, aufrechte Köpfe.

Achtung:
Generell gilt für alle kopfbildenden Salate, dass sie zum Faulen neigen, wenn es im Herbst feucht wird. Ein kleines Dach, ein Frühbeet oder natürlich Folientunnel und Gewächshaus bieten hier klare Vorteile.

Dazu solltest du wissen: Wenn es warm ist und der Standort viel Licht bekommt, wächst Salat zügiger und vergeilt außerdem schneller. In kühleren Verhältnissen mit weniger Licht wiederum lässt sich das Vergeilen besser verhindern.

Damit du kontinuierlich Salate ernten kannst, musst du immer wieder nachsäen. Im Sommer ist das bei großer Hitze schwierig, da die meisten Salate allzu hohe Temperaturen in der Jungpflanzenphase nicht gut vertragen. Ein leicht abgeschatteter Platz kann hier schon helfen. Die letzten „Normalen Salate" (Gruppe 1) ziehe ich Ende Oktober vor, um sie im November ins Freiland zu setzen.

Dies funktioniert nur mit speziellen „Wintersalaten" wie den Sorten ‚Baquieu‘, ‚Wintermarie‘, ‚Valdor‘, ‚Humil‘, ‚Chez-Le-Bart‘ oder ‚Trémont‘. Die Salate dürfen vor Wintereinbruch nur wenige Zentimeter hoch sein, um so auch sehr kalten Temperaturen standhalten zu können. Im Frühjahr beginnen sie dann das Wachstum.

Salate der zweiten Gruppe, wie etwa Radicchio oder Endivien, werden vornehmlich so angebaut, dass die Ernte in den Herbst und den Winter fällt. Vor allem Endivien lassen sich schon viel früher anbauen. Radicchio benötigt die Kälte, um sich von grün nach rot umzufärben. Chicorée wird bereits im April und Mai ausgesät. Es bilden sich überirdisch Pflanzen, die entfernt an einen großen Löwenzahn erinnern. Interessant ist allerdings die Pfahlwurzel, welche geerntet wird. Anschließend werden die Wurzeln im Keller und in Kisten dunkel gelagert, bis sie im Winter austreiben und die typischen Chicorée-Köpfe bilden.

Mit Feldsalat beginne ich ungefähr ab Juli für die Ernte im Herbst. Spätere Aussaaten ermöglichen eine Ernte im Winter oder im Frühjahr. Säst du ihn nochmal im März, läufst du Gefahr, dass er sofort anfängt zu blühen. Bei Feldsalat sind sowohl Direktsaat als auch die Voranzucht möglich.

Asiasalate sind Formen des Senfkohls und sehr interessant für alle, die auch im Winter zuverlässige Frischequellen haben wollen. Die meisten Sorten kommen sehr gut mit Kälte aus; u. a. macht die Sorte ‚Grün im Schnee‘ ihrem Namen alle Ehre und ist für den Freilandanbau im Winter gut geeignet. Probiere mit den Sorten am besten ein wenig herum, welcher Geschmack dir zusagt, da die Spanne von mild bis sehr scharf geht.

Ob Salate Lichtkeimer sind, darüber streiten sich die Geister. Ich habe beides ausprobiert und dabei die Erfahrung gemacht, dass sowohl das leichte Abdecken mit Erde als auch 1 cm Saattiefe funktionieren. Nur Feldsalat darf auf keinen Fall zu tief in den Boden. Pass hier bei einer Direktaussaat auf, dass die Erde nicht zu locker ist und die Saat mit dem ersten Angießen nicht zu tief im Boden verschwindet. Hier hilft eine Rückverdichtung des gelockerten Bodens, z. B., indem du ein breites Brett auf das Beet legst und einmal darüber gehst.

Rote Bete

Botanischer Name	*Beta vulgaris*
Standort	sonnig, halbschattig
Nährstoffbedarf	Mittelzehrer
Pflanzenfamilie	Fuchsschwanzgewächse
Pflanzenabstand	ca. 5–10 cm Abstand (je nachdem, ob Vorzucht oder Direktsaat)
Tipp	Sowohl eine Direktsaat als auch die Voranzucht funktionieren bei Beten sehr gut.

Eigentlich sollte dieser Abschnitt nicht nur Rote Bete heißen, sondern ganz einfach: Beten. Weiße, gelbe, orangefarbene, geringelte Bete – die Vielfalt an unterschiedlich aussehenden Sorten ist enorm. Beten wachsen schnell und machen wenig Probleme.

Wenn du bislang der Meinung warst, Rote Bete schmeckt dir nicht, weil die gekaufte Variante einen komischen erdigen Geschmack hat, dann lass dir gesagt sein: Es gibt diverse andere Geschmacksnoten. Vielleicht möchtest du den Beten im eigenen Garten doch nochmal eine Chance geben? Eine gelbe Beete etwa schmeckt eher süßlich; dazu kommt, dass jung geerntete Beten nochmal ganz anders schmecken als „ausgewachsene" Exemplare.

Bei der Aussaat funktionieren Direktsaat und Voranzucht gleichermaßen gut. Die Voranzucht hat den Vorteil, dass du die Pflanzen auf ca. 10 cm Abstand setzen kannst und große Beten erhältst. Die Direktsaat ist immer etwas dichter, was aber nicht schlimm ist, denn so kannst du dir zwischendurch einfach mal ein paar kleinere Exemplare ernten. Ab Mitte April beginnen bei mir erste Direktsaaten und auch die Voranzucht. Früher sollten sie nicht ins Freiland, denn wenn die Jungpflanzen einen Kältereiz abbekommen, kann es vorkommen, dass sie anfangen zu blühen, bevor sich die Rübe gebildet hat. Letzte Aussaaten im Freiland funktionieren bei mir bis Mitte August sehr gut, im Folientunnel noch im Oktober. Die Saattiefe beträgt ca. 2 cm.

Beten eigenen sich super als Lückenfüller. Wenn du diverse Pflanzen vorziehst, kannst du sie fast überall hinpflanzen, wo Platz ist: zwischen Salate, Erbsen, ins Hochbeet usw.

#10 Kohl

Botanischer Name	*Brassica sp.*
Standort	sonnig
Nährstoffbedarf	Starkzehrer
Pflanzenfamilie	Kreuzblütler
Pflanzenabstand	je nach Sorte 30–50 cm
Tipp	Verwende Gemüseschutznetze, um Kohlweißlinge etc. von den Pflanzen abzuhalten.

Eigentlich hätte Kohl ein eigenes Buch (oder zumindest ein sehr langes Kapitel) verdient. Er ist gesund, vielseitig einsetzbar und in den unterschiedlichsten Formen und Farben erhältlich. Praktischerweise ist der Anbau dabei immer sehr ähnlich.

Gemüsekohl gehört zu den Kreuzblütlern, genau wie Senf, Raps, Steckrüben oder Rauke. Das ist schon einmal wichtig zu wissen, da du Kohl, oder besser Kreuzblütler, erst nach einer Pause von mindestens 3 Jahren wieder an derselben Stelle anbauen solltest.

Die Blätter von Brokkolipflanzen können sehr viel Platz einnehmen. Plane im Zweifelsfall lieber etwas großzügigere Abstände ein.

Die beliebtesten Kohlarten sind Brokkoli, Blumenkohl, Weißkohl, Rotkohl, Wirsing, Romanesco, Spitzkohl, Kohlrabi, Rosenkohl, Grünkohl und Palmkohl. Von diesen Varietäten des Gemüsekohls gibt es noch unzählige Sorten. Damit du besser entscheiden kannst, welche Kohlart du anbauen möchtest, hier einige Entscheidungshilfen:

1 → Baue das an, was du verarbeiten kannst. Brokkoli und Blumenkohl lassen sich sehr gut einfrieren. Weißkohl, Spitzkohl und Rotkohl kennst du bestimmt milchsauer eingelegt als Sauerkraut.

2 → Baue nach Jahreszeit an. Im Frühjahr steht in meinem Garten zuerst Kohlrabi, gefolgt von Maiwirsing. Für die Ernte im Sommer kommen fast alle anderen Kohlarten in Frage. Für die Ernte im Herbst und im Winter baue ich rechtzeitig (Mai) Grünkohl, Palmkohl und Rosenkohl an. Eine andere interessante und winterharte Blattkohlart ist der russische Federkohl.

3 → Orientiere dich daran, wie groß eine Kohlpflanze vor der Ernte wird und inwiefern das mit dem Platz vereinbar ist, der dir zur Verfügung steht. Manche Sorten nehmen mehr Raum ein, andere weniger. Ein Brokkoli, wie du ihn aus dem Supermarkt kennst, nimmt mit allen Blättern fast 1 m² ein. Mit einem Pflanzabstand von 50 cm machst du nichts falsch – nur Kohlrabi kommt mit weniger aus (ca. 30 cm). Wenn du Erfahrungen im Anbau von Kohl gesammelt hast, kannst du den Abstand noch variieren und ausprobieren, was (nicht) funktioniert.

Bei der Pflanze im Bild waren leider Kohlweißlinge am Werk. Gemüseschutznetze helfen, solchen Schäden vorzubeugen.

Kohl wird eigentlich immer vorgezogen. Auch dafür verwende ich wieder Multitopfplatten mit Anzuchterde, wobei genau ein Samenkorn in einen Topf kommt. Sobald die Pflanzen ca. 10 cm groß sind, dürfen sie ins Beet.

Kohl gilt als Starkzehrer, benötigt also für ein gesundes Wachstum viele Nährstoffe. Auf den meisten Düngern, z. B. Schafwollpellets, stehen Mengenempfehlungen für Kohl, die in der Regel verlässlich sind.

An sich ist Kohl eine einfache Kultur – wenn es da nicht einige Tiere gäbe, die ihn genauso gerne essen wie wir. Schnecken mögen die jungen Pflanzen sehr gerne; hier helfen zum Beispiel Schneckenkragen als Schutz. Auch Vögel, u. a. Tauben, sind an den Jungpflanzen interessiert und rupfen diese gerne komplett aus. Dagegen, genau wie gegen Kohlweißlinge, Kohlfliegen und Kohlmotten, helfen Gemüseschutznetze. Seit ich solche Netze verwende, habe ich keine Probleme mehr mit den meisten der oben genannten Tiere.

#11 Mais

Botanischer Name	*Zea mays*
Standort	sonnig
Nährstoffbedarf	Mittel-/Starkzehrer
Pflanzenfamilie	Süßgräser
Pflanzenabstand	ca. 30 cm
Tipp	Ernte den Mais, sobald die Fäden an der Kolben-spitze braun/schwarz gefärbt sind.

Dieses ursprünglich aus Mexiko stammende Getreide kannst du einfach anbauen. Es lässt sich im Gegensatz zu anderen Getreidesorten wie Weizen dank der großen Kolben einfach ernten und verarbeiten. Je nach Sorte werden die Pflanzen über 2, teilweise 3 m hoch.

Interessant für den Anbau im Garten sind vor allem Zucker- und Popcornmais. Die Körner vom Zuckermais sind bei der Ernte weich, die vom Popcornmais viel fester. Verkreuzen sich die beiden Arten, weil beide gleichzeitig in deinem Garten geblüht haben, kann es vorkommen, dass du einige harte Körner am Kolben des Zuckermais hast und umgekehrt. Aus dem Grund solltest du dich pro Jahr für eine Art entscheiden oder die beiden Arten so zeitversetzt anbauen, dass sie nicht zur selben Zeit blühen.

Die Voranzucht beginnt ab Mitte April. Eine Direktsaat ins Beet ist ab Mitte Mai bis Ende Juli möglich. Dann heißt es nur: wachsen lassen und zusehen, dass du die Beikräuter unter Kontrolle hältst. Der Abstand zwischen den Pflanzen sollte ca. bei 30 cm liegen. Dabei ist es empfehlenswert, sie in einen Block zu setzen anstatt alle zusammen in eine Reihe. An einem Beispiel bedeutet das: Es ist besser, 9 Pflanzen in 3 Reihen zu setzen als 9 Pflanzen direkt nebeneinander. So ist die Wahrscheinlichkeit höher, dass die Maiskolben besser und gleichmäßiger bestäubt werden.

Hin und wieder kommt es vor, dass du an den Maiskolben weiße Beulen und Auswüchse beobachten kannst, die später schwarz werden. Hierbei handelt es sich um einen Pilz namens Maisbeulenbrand. Befallene Kolben und andere Pflanzenteile solltest du sofort entfernen und gesondert entsorgen.

Von ganz klein bis zu einer Höhe von 3 m – Maissorten brauchen teils viel Platz nach oben.

#12 Erbsen

Botanischer Name	*Pisum sativum*
Standort	halbschattig, schattig
Nährstoffbedarf	Schwachzehrer
Pflanzenfamilie	Hülsenfrüchtler
Pflanzenabstand	ca. 1 cm
Tipp	Beachte beim Saatgutkauf, ob es sich um Zuckererbsen, Palerbsen oder Markerbsen handelt.

Erbsen gehören zu den „gelingen fast immer"-Kulturen. Wenn die Temperatur im März stimmt, kann es direkt mit einer Aussaat im Freiland losgehen. Ist es noch sehr kühl, wartest du besser bis in den April. Die Zeit von der Aussaat bis zur Ernte dauert ca. 90 Tage – schnelle Sorten sind auch schon mal in 30 Tagen erntefertig. Somit kannst du im Juli noch problemlos Erbsen aussäen. Was erfahrungsgemäß gut funktioniert, sind Reihen mit 2–3 cm Saattiefe. Die Erbsen lege ich recht dicht in die Saatreihen, mit ca. 1 cm Abstand oder teilweise auch weniger. Achtung: Erbsen benötigen eine Rankhilfe, die je nach Sorte zwischen 50 und 150 cm hoch sein sollte.

Bei der Sortenauswahl wird zwischen Zuckererbsen, Markerbsen und Palerbsen unterschieden. Sehr beliebt sind Zuckererbsen, bei denen du die jungen Hülsen und später die süßlichen Erbsen nutzen kannst. Markerbsen haben einen hohen Stärkeanteil und müssen geerntet werden, solange die Erbsen noch weich sind. Einmal getrocknet, werden sie auch durch längeres Kochen nicht mehr weich. Palerbsen hingegen eigenen sich sehr gut als Trockenerbsen.

Sellerie

Botanischer Name	*Apium*
Standort	sonnig, halbschattig
Nährstoffbedarf	Starkzehrer
Pflanzenfamilie	Doldenblütler
Pflanzenabstand	ca. 30 cm
Tipp	Wenn sich beim Knollensellerie keine Knolle bildet, nutze einfach die Blätter und die Stängel.

Hast du schon einmal Sellerie-Jungpflanzen gekauft oder selbst ausgesät und dich später gewundert, dass die Knollen bei weitem nicht so groß werden wie die, die du aus dem Supermarkt kennst? Sellerie, vor allem Knollensellerie, hat einen hohen Nährstoffbedarf. Die entsprechende Empfehlung ist oft auf Dünge-packungen aufgedruckt und sollte nicht unterschritten werden, sonst wird es nichts mit den großen Knollen.

Die Voranzucht kann bereits Mitte Februar bis in den April beginnen. Be-decke die Saat nur leicht mit Erde, da Sellerie zu den Lichtkeimern zählt. Eine Keimtemperatur von ca. 20 °C ist optimal. Die Pflanzen kommen bei mir erst ab Mitte Mai ins Freiland, einen Monat vorher bereits in den Folientunnel. Egal ob Stauden- oder Knollensellerie, der Pflanzabstand beträgt bei mir mindestens 30 cm. Sind die Selleriepflanzen erst einmal im Beet, ist es (wieder einmal) sehr wichtig, sie frei von Beikräutern zu halten.

#14 Paprika

Botanischer Name	*Capsicum annuum*
Standort	sonnig, geschützt
Nährstoffbedarf	Starkzehrer
Pflanzenfamilie	Nachtschattengewächse
Pflanzenabstand	ca. 30 cm
Tipp	Wird die Pflanze sehr groß? Dann kann es Sinn machen, Seitentriebe zu entfernen.

Wenn du das erste Mal Paprika anbaust, bist du bestimmt stolz, 3–4 Früchte pro Pflanze ernten zu können. So ging es mir auch lange Zeit – bis ich das erste Mal vitale Paprikapflanzen in der Gärtnerei gesehen habe: Pflanzen, die doppelt und dreifach so hoch waren wie meine eigenen und in der Saison problemlos 25 Früchte einbringen.

Was wird also in der Gärtnerei im Anbau anders gemacht? Ganz einfach: Die Pflanzen werden über eine Tropfbewässerung im Folientunnel mit Wasser versorgt. Die Kombination aus stetiger Wasserzufuhr und der Wärme im Tunnel zusammen mit einer guten Nährstoffversorgung machen den großen Unterschied. Auch im Freiland, im Beet oder in Töpfen lassen sich Paprika gut anbauen – vor allem in einem langen, warmen Sommer.

Die Anzucht beginne ich Mitte Februar bis Anfang März im Haus. Die Keimtemperatur sollte mindestens 20 °C betragen. Ins Freiland dürfen die Pflanzen erst Mitte Mai, in den Folientunnel und das Gewächshaus 4–5 Wochen früher, wenn das Wetter mitspielt.

Paprika wachsen viel langsamer als Tomaten, dennoch sollten sie angebunden werden. Ein stabiler Pflanzpfahl oder eine dicke, gespannte Juteschnur, die über den Pflanzen befestigt und herabgelassen wird, leisten gute Dienste.

Ein ständiges Entfernen der Seitentriebe ist nicht nötig, nur wenn diese überhandnehmen.

Jetzt bleibt noch die Qual der Sortenwahl: Block-, Spitz- und Snackpaprika in verschiedenen Farben, Größen, Wandstärken und Aromen wollen im Lauf der Zeit von dir ausprobiert werden. Als Blockpaprika nehme ich gerne die ‚Cobu Orange‘ und die ‚Barkan‘. Die ‚Roviga‘ ist ein große Spitzpaprika und ‚Hamik‘ ist meine Lieblings-Snackpaprika. Das sind aber einfach meine persönlichen Präferenzen – deine Lieblingssorten kannst du nur durch Ausprobieren finden.

#15 Radieschen

Botanischer Name	*Raphanus sativus* var. *sativus*
Standort	sonnig, halbschattig
Nährstoffbedarf	Schwachzehrer
Pflanzenfamilie	Kreuzblütler
Pflanzenabstand	ca. 3–5 cm
Tipp	Wenn du im Frühjahr Probleme mit Erdflöhen hast, probiere einmal die Aussaat im Herbst.

Radieschen gelten als die absoluten Anfängergemüse, die immer gelingen. Im Idealfall werden sie ab März ins Freiland gesät und schon ein paar Wochen später geerntet. Klingt in der Theorie gut – aber ich muss ehrlich sagen, dass meine ersten Praxiserfahrungen nicht so positiv ausgefallen sind. Meine Radieschenzucht sah am Anfang eher so aus: Die Blätter wurden von Erdflöhen durchlöchert, während die Pflanzen, die sich davon erholt hatten, zum großen Teil anfingen, einen Blütentrieb auszubilden. Die Radieschen, die am Ende übrigblieben, waren nicht mehr als solche zu erkennen.

Nebenbei bemerkt: Grundsätzlich ist es kein Problem, wenn einige Radieschenpflanzen blühen. Darüber freuen sich einerseits diverse Insekten und andererseits kannst du von diesen Pflanzen Saatgut nehmen. Die noch grünen Samenschoten schmecken außerdem ähnlich wie Radieschen. Problematisch wird es nur, wenn – wie oben erwähnt – der Großteil der Pflanzen Blütentriebe entwickelt.

Wie so oft im Garten war aber alles nur eine Frage des Experimentierens. Inzwischen habe ich gute Erfolge mit Radieschen-Saatbändern – da muss ich mir keine Sorgen um die richtigen Abstände machen. Diese kommen im Frühjahr ins Hochbeet oder im Herbst direkt ins Beet bzw. in den Folientunnel. Besondere Düngung benötigen Radieschen übrigens nicht – ein guter, humoser Gartenboden ist völlig ausreichend.

Mein Start mit Radieschen war leider dank Erdflöhen eher durchwachsen.

Düngen? Ist bei Radies-
chen gar nicht nötig,
sofern die Bodenqualität
stimmt.

#16 Spinat

Botanischer Name	*Spinacia oleracea*
Standort	sonnig, halbschattig
Nährstoffbedarf	Mittelzehrer
Pflanzenfamilie	Gänsefußgewächse
Pflanzenabstand	ca. 3–5 cm
Tipp	Ernte Spinat erst einmal blattweise – dadurch wächst er einfach weiter.

Das beliebte Blattgemüse baust du am besten im Frühjahr und im Herbst an; der Sommer ist für Spinat nicht ideal. Manche Sorten kannst du sehr früh anbauen, andere vertragen auch etwas mehr Hitze.

Spinat wird direkt ausgesät, eine Voranzucht macht wenig Sinn. Hast du zu dicht gesät, können sich einzelne Pflanzen nicht gut entwickeln. Es ist aber auch kein allzu großes Problem, falls das einmal passiert: Zu dicht stehende Pflanzen kannst du einfach herausziehen und die kleinen Blätter bereits nutzen. Mit einem Pflanzabstand von 3–5 cm machst du in der Regel nichts falsch. Gut zu wissen ist außerdem, dass Spinat sozusagen eine einmalige Angelegenheit ist: Sobald er abgeerntet ist, wächst er im selben Jahr nicht mehr nach. Wenn du auf der Suche nach einem Blattgemüse bist, von dem du lange ernten kannst, schau dir stattdessen mal Mangold, Gartenmelden (S. 186) oder Neuseeländer Spinat (S. 178) an.

#17 Mangold

Botanischer Name	*Beta vulgaris* subsp. *vulgaris*
Standort	sonnig, halbschattig
Nährstoffbedarf	Mittelzehrer
Pflanzenfamilie	Fuchsschwanzgewächse
Pflanzenabstand	ca. 30 cm
Tipp	Blätter und Stiele sollten beim Kochen separat gegart werden.

Ich weiß bis heute nicht, warum Mangold nicht mindestens so beliebt ist wie Spinat. Die Voranzucht ab April, gefolgt von der Aussaat ins Freiland ab Anfang Mai hat sich bei mir gut bewährt. Ich setze den Mangold dabei mit einem Pflanzabstand von ca. 30 cm in die Erde. Der große Abstand sorgt für große Pflanzen, die in einem milden Winter – und wenn Wühlmäuse die rübenähnlichen Wurzeln nicht finden – sogar im nächsten Jahr noch einmal austreiben. Natürlich kannst du Mangold auch viel enger direkt aussäen und dann nur die kleinen bis mittelgroßen Blätter ernten.

Apropos Ernte: Nimm am besten immer die außenliegenden Blätter und hol dir nur so viel frisch von der Pflanze, wie du gerade brauchst. Die Blätter halten nach der Ernte nicht allzu lange.

Ich nutze meistens eine bunte Mangoldmischung – die Farbvariationen sind beeindruckend. Anfang September säe ich dann Sorten für den Überwinteranbau im Folientunnel an, z. B. die Sorte ‚Jessica'.

Kulinarisch hat Mangold einiges zu bieten. Die Blätter lassen sich wie Spinat zubereiten, sehr große Blätter sind u. a. für Käse-, Reis- oder Fleischrouladen geeignet. Dickere Stiele können, ähnlich wie bei Spargel, gedünstet werden und haben einen ganz eigenen Geschmack.

#18 Auberginen

Botanischer Name	*Solanum melongena*
Standort	sonnig, geschützt
Nährstoffbedarf	Mittelzehrer
Pflanzenfamilie	Nachtschattengewächse
Pflanzenabstand	ca. 30–50 cm
Tipp	Auberginenpflanzen mögen es warm, wachsen aber auch gut im Freiland.

Auberginen gehören wie Kartoffeln, Paprika oder Tomaten zu den Nachtschattengewächsen. Die Voranzucht dieser wärmeliebenden Pflanze beginnt im März. Wenn du mit Kunstlicht arbeitest und die Pflanzen später in den Folientunnel oder das Gewächshaus sollen, kannst du schon im Februar anfangen. Eine Temperatur von mindestens 20 °C ist nötig, damit die Samen keimen.

Auberginen lassen sich aber nicht nur geschützt unter Glas oder Folie anbauen, sondern auch im Freiland. Hier werden die Pflanzen zwar nicht so groß, dennoch ist eine gute Ernte möglich. Im Idealfall sollten sie nicht neben Kartoffeln stehen. Auch der Anbau in Töpfen (mind. 15 l Fassungsvermögen) ist problemlos möglich. Der Abstand zwischen den Pflanzen sollte 30–50 cm betragen.

Entwickelt die Pflanze zu viele Seitentriebe, solltest du diese entfernen. Oft lasse ich 2–3 Seitentriebe stehen, allerdings nur, solange sich eine Frucht daran gebildet hat. Danach wird der Seitentrieb gekappt.

Die Verwandtschaft zu den Kartoffeln siehst du spätestens, wenn du auf einmal Kartoffelkäfer und ihre Larven auf deinen Auberginen entdeckst. In so einem Fall solltest du sie sofort absammeln.

#19 Neuseeländer Spinat

Botanischer Name	*Tetragonia tetragonoides*
Standort	sonnig
Nährstoffbedarf	Schwachzehrer
Pflanzenfamilie	Mittagsblumengewächse
Pflanzenabstand	mind. 50 cm
Tipp	Eine regelmäßige Ernte fördert die Bildung von neuen Seitentrieben.

178

179

Neuseeländer Spinat hat nichts mit der hier bekannten Spinatpflanze zu tun. Botanisch gehört die sehr ertragreiche einjährige Pflanze zu den Mittagsblumengewächsen. Sie bildet viele Triebe, die sich über mehr als 1 m² ausbreiten können. Gelegentlich verwende ich Neuseeländer Spinat als lebenden, essbaren Mulch, da er den Boden schnell abdeckt.

Die Voranzucht sollte im Haus ab Mitte März beginnen, ins Freiland dürfen die wärmeliebenden Pflanzen erst ab Mitte Mai. Erntest du die Triebe, bilden sich schnell neue Seitentriebe. Die Blüten sind klein, unscheinbar und liegen direkt am Stiel. Die Samenkapseln, die sich daraus bilden, sorgen gerne mal für eine Selbstaussaat und es kann sein, dass du dich die folgenden Jahre nicht um die Aussaat von Neuseeländer Spinat kümmern musst. Aber keine Sorge, die Ausbreitung ist überschaubar.

Die fleischigen Blätter und Stiele schmecken jung geerntet und als Blattgemüse sehr gut. Ich nutze sie wie „normalen" Spinat in der Küche leicht angedünstet.

#20 Yacón

Botanischer Name	*Smallanthus sonchifolius*
Standort	sonnig, geschützt
Nährstoffbedarf	Schwachzehrer
Pflanzenfamilie	Korbblütler
Pflanzenabstand	ca. 50 cm
Tipp	Warte nach der Ernte noch einige Wochen mit dem Verzehr, damit sich das Aroma ausbilden kann.

Es gibt ja einige Gemüsearten aus anderen Ländern bzw. Kontinenten, die du in deinem Garten erfolgreich anbauen kannst und die „irgendwie lustig", aber in Sachen Ertrag und Geschmack nicht so der Hit sind. Ganz anders Yacón: Dieser aus Südamerika stammende Korbblütler wird ca. 1–2 m hoch und bildet zahlreiche essbare Wurzelknollen, die fruchtig-süß schmecken, eine knackige Konsistenz haben und sehr saftig sind. Ein bisschen Geduld zahlt sich dabei aus: Der volle Geschmack bildet sich erst einige Wochen nach der Ernte.

Vermehrt wird Yacón nicht über Samen, sondern über Vermehrungswurzeln, die sich kurz unter der Oberfläche befinden. Diese sind kleiner als die essbaren Knollen, welche sich nicht für die Vermehrung eignen. Nach der Ernte im Herbst musst du diese speziellen Wurzelstücke teilen und eintopfen. Über die kalte Jahreszeit brauchen sie nur sehr selten Wasser, müssen aber frostfrei überwintert werden. Licht ist jetzt nicht notwendig – ein nicht zu warmer Keller oder eine Garage reichen aus. Im Frühjahr treiben die Pflanzen dann aus und benötigen jetzt erst Licht. Ab Mitte Mai kannst du sie wieder ins Freiland pflanzen – direkt in den Boden oder in Kübel.

Du kannst die Knollen geschält oder mit Schale, roh (mein Favorit), gekocht, gebraten oder fermentiert essen. Achtung: Ähnlich wie Topinambur enthalten die Yacón-Knollen Inulin. An diesen Stoff gewöhnst du deinen Körper besser erst langsam, da es sonst zu Blähungen oder Bauchschmerzen kommen kann.

#21 Süßkartoffeln

Botanischer Name	*Ipomoea batatas*
Standort	sonnig, geschützt
Nährstoffbedarf	Mittelzehrer
Pflanzenfamilie	Windengewächse
Pflanzenabstand	ca. 30 cm
Tipp	Probiere einmal, die Blätter als Gemüse zu nutzen.

Wenn du beim Stichwort Süßkartoffelanbau eher wärmere Regionen im Kopf hast, habe ich eine gute Nachricht für dich: Auch bei uns ist der Anbau problemlos möglich. Süßkartoffeln gehören in vielen Ländern zu den Grundnahrungsmitteln und haben in Sachen Inhaltsstoffe einiges zu bieten.

Süßkartoffeln werden nicht ausgesät oder, wie Kartoffeln, per Knolle in den Boden gesteckt. Vielmehr liegt die Kunst darin, die Süßkartoffelknolle im Haus dazu zu bringen, Triebe zu bilden. (Auch wenn man ehrlicherweise sagen muss, dass nicht alle gekauften Süßkartoffeln keimen.) Zu dem Zweck stellst du eine Süßkartoffel zu ca. ¼ in ein Glas mit Wasser, bis sich Wurzeln bilden. Danach pflanzt du sie so in einen Topf, dass die bewurzelte Hälfte unter der Erde ist und die andere Hälfte oberhalb.

Wenn sich die Triebe bilden, lässt du sie ca. 10–20 cm wachsen. Schneide sie dann mit einem scharfen Messer ab und lasse sie in einem Glas mit Wasser anwurzeln. Die angewurzelten Triebe werden dann wieder in einzelne Töpfe gepflanzt. Diese Prozedur kannst du bereits im Januar oder Februar im Haus beginnen. Die Pflanzen dürfen erst ab Mitte Mai ins Freiland. Ist dir alles zu umständlich? Dann gibt es in Gärtnereien auch immer häufiger Süßkartoffelpflanzen zu kaufen.

Die Pflanzen kannst du wie Kartoffeln auf Dämme setzen, was die spätere Ernte erleichtert. Sie bilden enorm viele Ranken und Blätter und bedecken einen großen Bereich des

Gartenbodens. Praktischerweise unterdrücken sie durch ihren dichten Wuchs sehr zuverlässig Beikräuter. Was die wenigsten wissen: Auch die jungen Blätter lassen sich wie Spinat zubereiten.

Es kann vorkommen, dass die Ranken auf dem Boden noch einmal wurzeln und anschließend weitere Süßkartoffeln bilden. Das hört sich zwar erst einmal gut und nach mehr Ertrag an. Fakt ist aber, dass der Sommer hier in Mitteleuropa in der Regel nicht lang und warm genug ist, als dass dadurch noch erntefähige Süßkartoffeln entstehen würden.

Die Ernte der Süßkartoffeln solltest du so lange wie möglich herauszögern, damit die Knollen wachsen können. Sobald du jedoch nach den ersten Nachtfrösten Schäden an den Blättern siehst, ist es höchste Zeit, die Knollen aus dem Boden zu bringen.

Teilweise steht die Ernte also Anfang Oktober an, in anderen Jahren erst im November. Wenn die Triebe noch in Ordnung sind, kannst du einige davon abschneiden und ins Wasser stellen, um sie, wie oben beschrieben, erneut für das nächste Jahr anzuwurzeln. Da es bis zur nächsten Pflanzung ein halbes Jahr dauert, kann es nötig sein, das Prozedere zwischenzeitlich noch einmal zu wiederholen, sprich: aus den Trieben wieder Triebe zu machen und diese erneut anwurzeln zu lassen.

Die einzigen mir bekannten Tiere, die sich im Garten über Süßkartoffeln hermachen könnten, sind Wühlmäuse und Ratten.

Die Knollen können eine ordentliche Größe erreichen.

#22 Kürbisse

Botanischer Name	*Cucurbita pepo*
Standort	sonnig
Nährstoffbedarf	Starkzehrer
Pflanzenfamilie	Kürbisgewächse
Pflanzenabstand	je nach Sorte mind. 50 cm
Tipp	Zu wenig Platz im Beet? Nutze den Komposthaufen für deine Kürbispflanzen.

Ich habe fast jedes Jahr Kürbisse im Garten, auch wenn der Ertrag in Relation zur Fläche zugegebenermaßen besser ausfallen könnte. Die stark rankenden Pflanzen besetzen gerne auch mal die 3 anliegenden Beete, wenn du ihren Wuchs nicht aktiv begrenzt. Bei mir bekommen Kürbisse deshalb bevorzugt einen Platz außerhalb der Beete – im Idealfall direkt neben dem Komposthaufen. Hier versorgt sich der Starkzehrer mit den nötigen Nährstoffen und kann im Sommer gerne den halben Komposthaufen überranken. Das trägt dazu bei, dass der Kompost nicht austrocknet.

Solltest du allerdings einen sehr großen Garten und Platz übrighaben, dann ist ein großes Kürbisbeet eine gute Chance, im Herbst noch einmal den Wintervorrat aufzustocken: Die meisten Kürbisse lassen sich ausgezeichnet lagern.

Die Voranzucht beginne ich nicht vor Mitte April, ins Freiland dürfen die Kürbisse ab Mitte Mai. Eine Direktsaat ist ab Mitte Mai ebenfalls möglich.

Auch bei Kürbissen gibt es neben den im Handel angebotenen ‚Hokkaido‘ und Butternut unzählige weitere Sorten, die sich allesamt in Geschmack, Konsistenz, Lagerfähigkeit und Form unterscheiden. Neben dem ‚Hokkaido‘ mag ich besonders gerne den kleinen Eichelkürbis (Acorn-Typ) ‚Table Queen‘, der sich hervorragend für Süßspeisen eignet, oder die Sorte ‚Langer von Neapel‘. Letztere kann sehr groß werden und besitzt viel Fruchtfleisch mit wenigen Kernen. Ein sehr guter Speisekürbis ist der Muskatkürbis, der sich durch ein ganz besonderes Aroma auszeichnet.

Kürbisse lassen sich braten, frittieren, einlegen, fermentieren, einfrieren und von herzhaft bis süß zu sauer auf so ziemlich jede erdenkliche Art zubereiten.

#23 Gartenmelden

Botanischer Name	*Atriplex hortensis*
Standort	sonnig, halbschattig
Nährstoffbedarf	Schwachzehrer
Pflanzenfamilie	Fuchsschwanzgewächse
Pflanzenabstand	5–10 cm
Tipp	Um eine massenhafte Vermehrung zu vermeiden, solltest du nur gezielt zur Saatgutgewinnung einzelne Pflanzen Samen bilden lassen.

Gartenmelden sind ein stark unterschätztes Gemüse. Wie bereits erwähnt, liefern sie im Gegensatz zu Spinat über einen langen Zeitraum immer wieder neue Blätter. Der Geschmack der jungen Blätter ist dem von Spinat sehr ähnlich. Melden wachsen gerade nach oben und können je nach Art bis zu 2 m hoch werden. Sie gehören wie Spinat zu den Fuchsschwanzgewächsen und sind in der Fruchtfolge sehr unproblematisch.

Melden können ab März direkt ins Freiland gesät werden. Eine Voranzucht ist natürlich auch möglich.

Du kannst die Melde komplett ernten, wenn sie ca. 10–15 cm hoch ist, oder sie einfach wachsen lassen. Erntest du die Spitze mitsamt den oberen Blättern, bilden sich viele neue Triebe, die später auch geerntet werden können.

Gartenmelden sind sehr vermehrungsfreudig. Soll heißen: Wenn du zulässt, dass sie Samen bilden, kann es sein, dass du im nächsten Frühjahr hunderte kleine Melden verteilt in deinem Garten findest.

GEMÜSE IN TÖPFEN UND KÜBELN

Wenn du nur einen Balkon hast, gibt es keine andere Möglichkeit, als Gemüse in Töpfen anzubauen. Mit einem Garten sieht das natürlich anders aus – so weit, so klar. Doch ich persönlich baue trotz meiner 400 m² Gartenfläche zusätzlich Gemüse in Töpfen an, und das nicht nur, weil ich von Gemüse nie genug bekommen kann. Dahinter stecken außerdem ein paar ganz praktische Gründe: Ein paar dieser Töpfe stehen sehr nah an der Küche, d. h. ich spare Zeit. Andere sind mit Gemüsepflanzen gefüllt, die in den Beeten keinen Platz mehr hatten. Und dann gibt es noch Töpfe, in denen Pflanzen wie Yacón oder Süßkartoffeln wachsen, die ich besonders vor Wühlmäusen schützen möchte.

Die Töpfe sollten aus Platzgründen so klein wie möglich und so groß wie nötig gewählt werden. Denn: Je größer der Topf, desto mehr Erde und desto mehr Raum für Wurzeln, Wasser und Nährstoffe. Nach vielen Versuchen bin ich zu dem Ergebnis gekommen, dass ein 15-l-Topf für viele Gemüsepflanzen ausreicht.

Das Wichtigste beim Anbau in Töpfen oder anderen Gefäßen ist, dass Wasser abfließen kann, damit sich keine Staunässe bildet. Zu diesem Zweck sind viele und ausreichend große Löcher im Boden nötig; außerdem besteht die Möglichkeit, eine Drainage in das Gefäß zu bauen: Zum Beispiel kannst du den Topf zu ca. 20 % mit grobem Sand oder kleinen Steinen füllen, darüber eine wasserdurchlässige Trennschicht legen – etwa ein Stück Stoff oder Jutegewebe – und dann die Pflanzerde in den Topf geben. Das hilft dabei, dass überschüssiges Wasser besser abfließen kann. Wenn du einen Untersetzer unter die Töpfe stellst, solltest du darauf achten, dass sich hier nicht zu viel Wasser sammelt.

Um noch einmal zum Stichwort Erde zu kommen: Ein häufiger Fehler ist es, für die Töpfe ausschließlich Gartenerde zu nehmen. Auch, wenn die sich in den Beeten schön locker anfühlt, enthält sie zu viel Lehm. In Töpfen verdichtet sich Gartenboden dann zu stark und kann richtig fest werden. Hier ist gekaufte, aus Umweltgründen am besten torffreie Gemüseerde besser.

Bei mir wächst durchaus einiges an Gemüse in Töpfen und ganz nah am Haus.

Um nicht zu viel zukaufen zu müssen, mische ich gekaufte Erde mit ca. 30–50 % Topferde aus dem Vorjahr und 10 % Gartenboden. (Keine Sorge: Bei so einem geringen Anteil ist das Verdichtungsrisiko nicht mehr gegeben.)

Da gekaufte Gemüseerde je nach Produkt unterschiedlich viele Nährstoffe mit sich bringt, füge ich nur wenig Dünger hinzu, meistens Schafwollpellets und ein paar Hornspäne für den Langzeiteffekt. Sollte dir die Pflanze später zeigen, dass sie mehr Nährstoffe benötigt (siehe S. 95), kannst du sie mit organischen Flüssigdüngern versorgen. Ich nehme dafür selbstgemachte Pflanzenjauche, aber natürlich gibt es entsprechende Produkte auch zu kaufen.

Wenn es darum geht, Gemüse in Töpfen zu gießen, heißt es erst einmal: umdenken. Denn durch das geringere Volumen und den begrenzten Raum kann die Pflanze nicht in tieferen Erdschichten wurzeln und sich von dort das Wasser holen.

Deine Pflanze benötigt also so gut wie jeden Tag Wasser, vor allem, wenn sie schon etwas größer ist. Auch wenn es geregnet hat, kann es sein, dass kaum Wasser in die Erde gelangt ist, da die Blätter der Pflanze wie ein Regenschirm einen Großteil des Niederschlags nach außen leiten.

Die gute Nachricht ist, dass du dir in Sachen Bewässerung aber auch bei Topfgemüse das Leben leichter machen kannst. Folgende Optionen ersparen dir viel Zeit, Wasser und sorgen für eine kontinuierliche Wasserversorgung auch an sehr heißen Tagen:

1 Tropfbewässerungen mit Einzeltropfern

2 Flaschenadapter aus Ton: Dabei wird eine umgekehrte, mit Wasser gefüllte Flasche auf einen Tonkegel gesetzt und das Wasser langsam an die Erde abgegeben

3 Ollas: Das sind Tontöpfe, die bis auf die Öffnung vergraben werden und das Wasser über den Ton abgeben (siehe S. 63).

Im Folgenden habe ich dir aufgelistet, welche Pflanzen mit welchen Topfgrößen gut zurechtkommen:

Topf mit 15–20 l:

Je 1 Tomate, Paprika, Chili, Aubergine, Gurke, Melonenbirne, Melone, Kartoffel • 2 Kopfsalate • 3–4 Bohnen, Mangold, Knoblauch

Topf mit 25–30 l:

Je 1 Yacón, Süßkartoffel, Kürbis, Zucchini, Physalis • 2 Tomaten, Gurken, Paprika

Mit Ollas kannst du deine Topfpflanzen gleichmäßig bewässern, ohne dass sich zu viel Wasser auf einmal in der Erde sammelt.

Der Lohn deiner Arbeit:
Die Ernte

Der Moment, auf den du dich schon seit der Aussaat gefreut und den du mehr als verdient hast, ist da: Es ist Erntezeit. Wobei es im Grunde missverständlich ist, von „der" Erntezeit zu sprechen, denn mit dem Begriff werden oft nur die Monate Juli, August und September assoziiert. Kein Wunder, schließlich reift zu dieser Zeit alles im Überfluss und will geerntet und verwertet werden. Aber wenn du die vorherigen Kapitel gelesen hast, weißt du mittlerweile, dass du bei richtiger Planung jeden Monat ernten kannst.

Diese Planung ist der Knackpunkt. Denn wenn du im Winter vor deinem Beetplan sitzt, träumst du vielleicht von vollen Erntekörben im Sommer. Wenn du jedoch im August jeden Tag 2–3 dieser Erntekörbe mit nach Hause bringst, kann dich das schon mal in Schwierigkeiten bringen: Wohin mit all dem Gemüse und Obst?

Bevor wir aber darüber sprechen, wie du mit Ernteüberschüssen umgehen kannst und wie du dafür sorgst, dass dein Garten auch in der Urlaubszeit gut versorgt ist, hier vorab ein paar allgemeine Erntetipps.

Zucchini

Ähnlich wie Gurken kannst du Zucchini schon sehr klein ernten und auch die Blüten verwerten. Oder aber du lässt die Zucchini riesengroß werden – das ist oft der Punkt, an dem deutlich wird, dass Zucchini Kürbisse sind. Sind sie groß genug und haben eine harte Schale, lassen die Zucchini sich auch mal einige Monate einlagern und für Suppen verwenden. In meinem Vorratsraum lagern immer 2–3 große Zucchini, die ich teilweise im Januar noch verwerte.

Tomaten

Jede Sorte hat ihren optimalen Erntezeitpunkt. Dieser kommt bei einigen sehr früh, wenn die Umfärbung gerade vollendet ist, andere entfalten das beste Aroma erst, wenn sie schon weich sind.

Natürlich sollten Tomaten bei der Ernte reif sein, da der Solaninanteil sonst zu hoch ist. (Solanin ist eine giftige Verbindung, die in vielen Nachtschattengewächsen vorkommt. Der Solaninanteil bei Tomaten wird mit Erreichen der Reife in der Frucht abgebaut.) Aber keine Angst vor grünen Tomatensorten: Auch bei (z. B.) der ‚Green Zebra' erkennst du den Unterschied zwischen unreif und reif an einer leichten Umfärbung und daran, dass die Früchte weicher sind. Du kannst einzelne Tomaten oder ganze Rispen ernten. Um die Pflanze nicht zu beschädigen, ist eine Erntschere sehr nützlich. Mit ihr kannst du gleichzeitig weiter ausgeizen, wenn du schon mal an der Pflanze bist.

Kartoffeln

Meistens werden Kartoffeln geerntet, wenn das Laub abgetrocknet ist. Schon eine ganze Zeit vorher haben sich unter der Erde aber viele Knollen von ansehnlicher Größe gebildet. Wenn du vorsichtig mit der Hand in den Boden greifst – was bei Dämmen einfacher geht –, kannst du nach großen Exemplaren suchen und diese problemlos ernten. So bist du viel früher nicht mehr auf gekaufte Kartoffeln angewiesen und deine Kartoffelpflanzen leben weiter, da du sie, wie bei der Haupternte, nicht komplett ausgräbst.

Du willst deine Kartoffeln einlagern? Dann lautet der Tipp Nummer 1: nur nicht vorher abwaschen. Denn wenn die Kartoffeln nach der Ernte gewaschen werden, sehen sie zwar schön sauber aus – aber der Schutz, den die Erdreste sonst bei der Lagerung geben würden, fällt dadurch weg.

Gurken

Es kommt gerne mal zu einer „Überproduktion", wenn Gurken so angepflanzt werden, dass alle Früchte gleichzeitig reif sind. Eine Gurke muss nicht immer in der Größe geerntet werden, wie du sie aus dem Supermarkt kennst. Sie schmeckt auch schon bei der Hälfte der normalen Sortengröße gut, d. h. mit einer zeitversetzten Ernte kann nicht viel schiefgehen.

Bleibt eine Gurke wiederum zu lange an der Pflanze, kann sie sehr groß werden. Dies verhindert, dass viele neue Früchte gebildet werden, weil die Pflanze viel Kraft in das Abreifen der Früchte steckt. Die Schale und die Kerne sind bei diesen großen Gurken meistens schon zu hart und sollten vor dem Verzehr entfernt werden. Wegwerfen musst du die Gurke aber trotzdem nicht, denn aus dem Rest kannst du sehr leckere Schmorgurkengerichte machen (was natürlich mit kleineren Exemplaren genauso gut funktioniert).

Zwiebeln

Eine Zwiebel kannst du wenige Tagen ernten, nachdem du sie ausgesät hast. Glaubst du nicht? Dann probier mal, wie lecker Keimsprossen aus Zwiebelsaatgut schmecken. Grundsätzlich kannst du Zwiebeln aber in jedem Stadium zwischen der Keimsprosse und der „ausgewachsenen" Variante ernten. Ich persönlich liebe die Zeit im Juni, wenn ich die noch komplett grünen Zwiebeln mitsamt dem Laub frisch ernten kann, um sie direkt in der Küche zu verwerten. Du merkst schon: Auch hier lässt sich das Erntefenster planbar wieder enorm nach vorne verlegen.

Wenn du reife Zwiebeln einlagern willst, ist die optimale Erntezeit übrigens dann, wenn das Laub angetrocknet ist und die Zwiebel die sortentypische Größe hat. Wichtig ist dabei nur, dass die Zwiebel nach der Ernte ein paar Tage nachgetrocknet werden muss – ja, auch wenn das Laub schon sehr trocken aussieht. Nur so ist sie über einen längeren Zeitpunkt lagerfähig. Ist es sehr trocken, reicht es, die geernteten Zwiebeln aus dem Boden zu ziehen und einfach auf der trockenen Erde liegen zu lassen. Leg sie bitte nicht zum Trocknen auf Beton oder andere Steine, denn diese können sich so stark aufheizen, dass es zu Hitzeschäden bei den Pflanzen kommt.

Zwiebeln kannst du grundsätzlich schon in relativ frühen Wachstumsphasen ernten. Das bedeutet auch: Es fällt nicht die komplette Ernte auf einmal an.

Eine andere Methode ist ein Metallgitter auf zwei Sägeböcken oder einer ähnlichen Vorrichtung. So werden die Zwiebeln gut durchlüftet. Bitte schneide das Laub erst ab, wenn es komplett durchgetrocknet ist.

Knoblauch

Knoblauch nimmt in den letzten Wochen noch einmal ordentlich an Größe zu. Die Kunst ist es dabei, den richtigen Zeitpunkt abzupassen: Erntest du zu früh, geht das auf Kosten der Zehengröße. Erntest du zu spät, löst sich die Haut um die Knolle und du musst einzelne Zehen aus dem Boden holen.

Selbstverständlich kannst du Knoblauch schon ernten, wenn das Laub noch Grün und die Knolle klein ist und ihn ähnlich wie Lauchzwiebeln nutzen. Wenn du auf die optimale Knollengröße aus bist, probierst du am besten etwas herum, wann der beste Erntezeitpunkt bei der gewählten Sorte ist. Am Laub lässt sich das nicht wirklich festmachen – es kann bei der einen Knolle noch grün sein, während es bei der anderen längst vertrocknet und umgeknickt ist. Die verlässlichste Methode ist es, einfach vorsichtig von oben eine Knolle mit den Händen freizulegen. So kannst du am besten beurteilen, ob sie die richtige Größe hat.

Den frisch geernteten Knoblauch lässt du am besten noch trocknen, bevor du ihn in der Küche verwendest.

Wenn du Knoblauch erntest, ist meistens noch Erde an der äußersten Schale. Bevor du sie entfernst, lass die geernteten Pflanzen so, wie du sie aus dem Boden geholt hast, einige Tage trocknen – am besten unter einem Dach, wo die Ernte vor Regen und zu starker Sonne geschützt ist. Danach lässt sich die Erde mit der trockenen, äußeren Schale ganz einfach entfernen. Achte nur darauf, Knoblauch nicht so weit zu „schälen", dass die einzelnen Zehen sichtbar sind (das würde die Lagerfähigkeit verkürzen) und schneide, wie auch bei den Zwiebeln, das Laub erst im komplett durchgetrockneten Zustand ab.

Bohnen

Bohnen solltest du niemals roh essen, da sie Phasin enthalten. Das ist ein Lektin, welches seine Giftigkeit erst nach dem Kochen verliert. Eine unreife Bohne gibt es so gesehen nicht – du kannst eine Bohne, deren Hülse eigentlich 10 cm lang wird, auch schon ernten, wenn sie nur 5 cm lang ist. Eine frühere Ernte ist oft sogar eine gute Idee, denn hängen Bohnen zu lange an der Pflanze, werden die Hülsen so faserig, dass du sie ziemlich sicher nicht mehr essen magst. Lass sie einfach so lange hängen, bis die Kerne eine gute Größe haben – oder lass sie gleich trocknen. Dies geht übrigens auch mit Sorten, die nicht als Trockenbohne ausgezeichnet sind.

Rote Bete

Wer sagt eigentlich, dass du Rote Beten erst dann ernten darfst, wenn sie groß wie ein Apfel sind und nicht schon, wenn sie Radieschengröße haben? Besonders die kleinen Beten sind eine tolle Sache, wenn du sie erst zu dicht ausgesät hast und dann jede zweite kleine Bete aus der Reihe ziehst. Was du dir bei Roter Bete auch nicht entgehen lassen solltest, ist das frische Laub. Es gibt sogar Sorten wie ‚Bull's Blood', die hauptsächlich für die tiefroten Blätter angebaut werden.

Mais

Maiskolben sind an der Pflanze von diversen Häuten umschlossen, die verhindern, dass du direkt sehen kannst, ob der Maiskolben erntefertig ist. Letzteres hängt primär davon ab, ob es sich um Zuckermais oder Popcornmais handelt.

Popcornmais wird geerntet, wenn die Körner schon hart und trocken sind. Das erkennst du relativ einfach daran, dass auch die äußeren Häute sehr trocken sind. Bleiben die Maiskolben etwas länger an der Pflanze, ist dies nicht weiter schlimm – so lange kein Dauerregen angesagt ist. Die Feuchtigkeit bei hohen Niederschlagsmengen kann zu Schimmelbildung führen.

Zuckermais wiederum erntest du, solange die einzelnen Körner noch weich sind. Im Idealfall sind sie von oben bis unten gleich groß und gelb. Erntest du zu früh, sind die Körner noch klein und haben kaum Geschmack. Wenn du unsicher bist, ob du den richtigen Erntezeitpunkt erreicht hast, achte auf den Maisbart – das sind die Fäden, die aus den Kolben kommen. Sobald der Maisbart trocken ist, ist das ein gutes Zeichen, dass die Kolben erntereif sind. Zusätzlich kannst du versuchen, durch die Häute, die den Kolben umschließen, zu fühlen, ob die Körner schon groß genug sind.

Erbsen

Sehr junge und flache Erbsenhülsen lassen sich als Zuckerschoten verwenden. Das geht eigentlich mit allen Sorten gut, bei Zuckererbsen werden die Schoten aber größer, bevor sich die Erbsen im Inneren bilden. Schau am besten bei den von dir gewählten Sorten, was deren eigentlicher Verwendungszweck ist. Möchtest du einen Vorrat an Trockenerbsen? Dann wähle besser keine Zuckererbsensorten oder Markerbsen, sondern Palerbsen, da diese auch getrocknet ihre Form behalten. Öffne hin und wieder eine Hülse und schau nach, ob die Erbsen so sind, wie du sie gerne hättest. Bei Trockenerbsen trocknen die Erbsen in der Hülse an der Pflanze.

Der beste Test? Einfach mal reinschauen: Wie groß oder klein sind die Erbsen in der Hülse?

Paprika und Chili

Bevor eine Paprika- oder Chilisorte ihre finale, sortentypische Färbung erreicht hat, durchläuft sie verschiedene Farbstadien. Der Verlauf kann z. B. so aussehen: von grün über schwarz, lila oder orange hin zum Endergebnis – rot. Essbar sind diese Früchte (im Gegensatz zu Tomaten) in allen Stadien. Besonders bei Chili ist es interessant, eine Ernte in den verschiedenen Färbungen zu probieren, da der Schärfegrad jeweils sehr unterschiedlich ist. Kurz vor Ende der Saison ernte ich immer die kleinen, noch grünen Paprika und verwende sie wie Bratpaprika.

Radieschen

Ernte Radieschen noch bevor sie anfangen, einen Blütentrieb zu bilden, denn dann werden sie schnell holzig. Aus diesem Grund lohnt es sich, Radieschen lieber in Schüben und nicht zu viele auf einmal anzubauen. Auch die Blätter lassen sich roh, gekocht oder gebraten verwenden. Wenn du den Platz im Beet nicht unbedingt brauchst, lass ruhig auch mal einige Radieschen blühen – es ist immer wieder erstaunlich, wie groß und dekorativ die Pflanzen werden. Sind die Blüten verblüht, bilden sich die Samenkapseln. Die kannst du theoretisch bereits essen; am Anfang sind sie noch grün und weich und schmecken ähnlich wie die eigentlichen Radieschen.

Yacón

Ich lasse meine Yacónpflanzen so lange wie möglich stehen, gerne bis kurz vor dem ersten Frost. Dann hebe ich vorsichtig mit einer Grabegabel den Boden um die Pflanze an – erst einmal mit einem Abstand von 40 cm, um keine der Knollen zu beschädigen. Die geernteten Knollen kommen in einen Kübel mit Sand und bleiben dort für mindestens 3 Wochen, bis ich die erste probiere. Direkt nach der Ernte ist Yacón noch recht geschmacklos, aber das ändert sich nach einigen Wochen im Lager deutlich. Jetzt ist die Knolle süßlich, saftig und immer noch knackig. Gut eingelagerte Exemplare sind ohne Probleme 6 Monate lagerfähig.

Kürbisse

Im Grunde genommen kannst du einen Kürbis ernten und verwerten, wenn er noch unreif ist. Möchtest du deine Kürbisse längere Zeit lagern, solltest du auf den richtigen Erntezeitpunkt achten. Diesen erkennst du daran, dass der Stiel nicht mehr grün, sondern bräunlich und verholzt aussieht. Wenn du über die Schale reibst, sollte sich diese sehr glatt anfühlen. In einem nicht zu warmen Keller, um die 10 °C plus/minus 5 °C, lassen sich die Kürbisse nun je nach Sorte monatelang lagern. Ganz auf der sicheren Seite bist du, wenn du die Kürbisse mit ein paar Zentimetern Abstand zueinander in dein Lagerregal legst. Denn es kann bei aller Vorsicht immer mal vorkommen, dass einzelne Exemplare anfangen zu faulen.

Egal ob ‚Hokkaido', wie hier im Bild, oder eine andere Sorte: Lagere Kürbisse nicht zu dicht nebeneinander.

Kräuter

Um einen optimalen Geschmack bei Kräutern zu erzielen, ist ein guter Erntezeitpunkt ausschlaggebend. Bei Kräutern wie Oregano, Majoran, Salbei, Rosmarin oder Bohnenkraut beispielsweise wäre dieser Zeitpunkt vormittags und an einem trockenen Tag. Warum? Weil dann der Gehalt an ätherischen Ölen besonders hoch ist, was wiederum wichtig ist, wenn du deine Kräuter trocknen willst. Wenn du deine Kräuter aber sofort in der Küche brauchst, kannst du selbstverständlich jederzeit und auch bei Regen ernten.

Fenchel

Du weißt sicherlich aus dem Supermarkt, wie eine Fenchelknolle aussehen sollte. Im Garten ist es aber oft leider so, dass der Fenchel plötzlich in die Höhe schießt, bevor sich die gewünschte Verdickung im unteren Teil bildet. Jetzt kannst du entweder sofort ernten und das verwerten, was du hast – oder du lässt die Pflanze blühen und kannst ständig Blätter als Gewürz und später die Samen ernten. Ich bin gar nicht traurig, wenn einige meiner Fenchelpflanzen schießen, da sich hier fast immer die gelb-schwarzen Raupen des Schwalbenschwanzes zeigen – ein Schmetterling, der in meinem Garten gern gesehen ist.

Karotten

Für Karotten gilt das eigentlich dasselbe wie für Rote Bete: Auch kleine Exemplare schmecken gut und das Grün lässt sich vielfach in der Küche einsetzen. Nimm dir einen Spaten oder eine Grabegabel, setze sie ca. 10 cm von der Karottenreihe entfernt an und lockere damit die Erde, bevor du die Karotten aus dem Boden ziehst. Längere Exemplare neigen dazu abzubrechen, wenn du versuchst, sie einfach mit der Hand aus dem ungelockerten Boden zu ziehen.

Äpfel

In der Beschreibung vieler Apfelsorten wird eine Ernte- und eine Genussreife angegeben. Liegt die Erntereife bzw. -zeit einer Sorte laut Angabe im September, kann es sein, dass die Genussreife erst einen Monat später ist. Diese Zeitdifferenz gibt an, wie lange du einen Apfel mindestens lagern solltest, bis du ihn isst. Klar, der Apfel ist auch vorher essbar, aber erst nach der Lagerzeit entfaltet er sein sortentypisches Aroma. Wenn also deine Lieblingsapfelsorte auf einmal ganz anders schmeckt, liegt das womöglich daran, dass die Äpfel nicht lang genug gelagert wurden – und du weißt es fürs nächste Jahr besser. (Wenn du mehr zum Thema Obstbäume lesen willst, blättere auf S. 224.)

Apropos nächstes Jahr: Mit der Zeit wirst du für alles Essbare, was du aus deinem Garten holen kannst, eigene Erntemethoden finden – genau jene Methoden, die am besten zu deinen Vorlieben in Sachen Erntenutzung und -verarbeitung passen.

Klein, aber ziemlich fein: Diese Karotte ist zwar nicht groß gewachsen, schmecken tut sie aber trotzdem schon.

Ernteüberschüsse: Zu viel des Guten?

Zu viel ernten – geht das überhaupt? Zugegeben, es klingt erst einmal nach einem Luxusproblem. Aber wenn zur selben Zeit zu viele Dinge im Garten reif werden, kann das echt frustrierend werden. Natürlich freuen sich Familie und Bekannte, wenn sie einen Teil der Überschüsse geschenkt bekommen.

Aber was, wenn es mehr zu verschenken gibt, als dein Umfeld verwenden kann? Im schlimmsten Fall kommt es gar dazu, dass wertvolle selbst angebaute Lebensmittel verkommen. Verschenken ist zwar meistens eine Option, dennoch ist die Bevorratung mit eigenem Obst und Gemüse ein wichtiger Bestandteil deiner Selbstversorgung.

Das beginnt bei der Beetplanung: Achte schon vorab darauf, dass nicht zu viele Sachen zur selben Zeit reif werden, die schlecht haltbar gemacht werden können (wie zum Beispiel Salate). Im Lauf der Zeit wirst du auch hier Erfahrungswerte sammeln, wie lange das Erntefenster einer bestimmten Kultur ist. Rote Beten lassen sich zum Beispiel über viele Wochen und sogar Monate ernten. Und ein Kopfsalat muss bei der Ernte nicht immer so groß sein wie ein gekaufter. Hast du in deiner Euphorie 30 oder mehr Kopfsalate zur selben Zeit ausgesät oder gepflanzt? Dann hast du **kein** Zeitfenster von 30 Tagen, in dem du die erntereifen Salate stehen lassen kannst. Hier musst du deinen ungefähren

Option Nr. 1: ein gemeinsames Essen! Bleibt nur noch die Frage, wohin mit der restlichen Ernte …

Verbrauch kennen. Es ist viel sinnvoller, wenige Salate zur selben Zeit auszusäen, dafür aber öfters, zum Beispiel alle 2 Wochen. Weniger Probleme bereiten Ernten, die du gut haltbar machen kannst. Aber auch das kann ohne die richtigen Vorbereitungen überfordernd werden. Mit diesen Vorbereitungen meine ich Dinge wie:

— Hast du alle Rezepte für das Einmachen?
— Hast du alle Einmachutensilien? Hast du genügend Gläser und Flaschen mit passenden Deckeln oder Verschlüssen?
— Hast du genügend Platz für deine Ernte? In einem starken Erntemonat kann viel Ertrag zusammenkommen – und der will irgendwo gesammelt werden. Kartoffeln beispielsweise kannst du nicht sofort in einen Sack stecken, um sie zu lagern, nachdem du sie aus der Erde geholt hast. Denn wie zuvor beschrieben, müssen die Erdreste erst trocknen.
— Leg dir einen kleinen Vorrat an Gelierzucker, Salz, Zitronensaft und anderen Zutaten zum Haltbarmachen an. So kannst du auch mal spontan mit dem Haltbarmachen loslegen und sparst dir den Abstecher zum Supermarkt, bevor du dich ans Einkochen und Co. machst.
— Hast du dich schon mit Hygienemaßnahmen beim Einkochen beschäftigt?
— Hast du Etiketten und (wischfeste, wasserfeste) Stifte, um Eingemachtes zu beschriften? Neben dem Namen gehört auch immer das Einmachdatum mit auf das Etikett.

Nachdem du jetzt bestens vorbereitet bist – schauen wir uns doch mal die verschiedenen Möglichkeiten an, wie du deine Ernte haltbar machen kannst:

Lange im Beet stehen lassen

Wie oben bereits erwähnt, haben verschiedene Kulturen sehr unterschiedliche Erntefenster. Hier im Raum Köln gab es schon so milde Winter, dass Karotten, Pastinaken, Wurzelpetersilie oder Rote Bete mit einer einfachen Laubabdeckung im Beet bleiben konnten. Dies birgt natürlich gewisse Risiken, denn extreme Minusgrade oder Mäuse und Ratten können die Ernte vernichten. Das Gemüse muss aber ja auch nicht direkt den gesamten Winter auf dem Feld stehen – schon einige Wochen und Monate mehr verschaffen dir Zeit.

Trocknen und Dörren

Viele Kräuter und Teepflanzen lassen sich einfach an der Luft trocknen. Obst oder Gemüse wie Tomaten, Zucchini und Chili dehydrierst du am besten in einem Dörrautomaten. Diese verbrauchen zwar relativ viel Strom, die so getrockneten Nahrungsmittel lassen sich aber ohne weiteren Energieaufwand und über einen längeren Zeitraum lagern.

Einfrieren

Einige Obst- und Gemüsearten lassen sich hervorragend einfrieren und behalten auch nach dem Auftauen Geschmack und Konsistenz – wobei das natürlich immer Geschmackssache ist. Erbsen friere ich zum Beispiel oft ein, blanchierte Bohnen wiederum mag ich aufgetaut nicht so gerne. Zum Thema Einfrieren muss allerdings gesagt werden, dass eine Kühltruhe oder ein Gefrierfach erstens Strom verbraucht (auch wenn sich der Verbrauch bei modernen Geräten in Grenzen hält) und es zweitens problematisch wird, sollte es einmal zu einem längeren Stromausfall kommen.

Einkochen und Einwecken

Zum Einkochen, Einwecken und Einmachen gibt es unzählige Rezepte. Bei einem Apfel kann zum Beispiel der Saft haltbar gemacht werden, es gibt Apfelkompott oder einen stückigen Apfel-Brotaufstrich. Hier möchte ich nicht zu sehr ins Detail gehen; zu diesem Thema gibt es reichlich andere Bücher[1]. Aus eigener Erfahrung kann ich nur anmerken, wie wichtig Hygiene beim Einkochen ist. Du kannst hier gar nicht penibel genug sein – es sollten auf keinen Fall Schimmel oder andere gesundheitsgefährdende Substanzen entstehen können.

Fermentieren

Durch die Zugabe von Salzwasser kannst du unterschiedliche Gemüsearten ohne Hitzeeinwirkung und nur durch Milchsäuregärung konservieren. Traditionell ist dies in Deutschland von Sauerkraut bekannt, in Korea von Kimchi. Inzwischen gibt es Anleitungen zum Fermentieren von allen möglichen Lebensmitteln wie etwa Karotten, Spinat und Spargel. Je nachdem, wie experimentierfreudig du bist, kannst du hier durch die Kombination verschiedener Gemüsearten und Gewürze mehr oder weniger unbegrenzt viele spannende Geschmackserlebnisse kreieren.

---

1   Zum Beispiel: Sue Ivan, Haltbarmachen im Glasumdrehen. Vom entspannten Einlegen bis zur prickelnden Fermentation: in 90 Rezepten durch die Vorratskammer. Löwenzahn Verlag, 2022.

ERNTE UND URLAUBSZEIT

Mein Nachbar: „Ich baue keine Tomaten an, weil wenn die reif sind, bin ich ja eh im Urlaub."
Ich: „Oh super, du fährst 3 Monate lang in den Urlaub?" Mein Nachbar: „Nein, nur 2 Wochen im Sommer."

Diesen Dialog habe ich so oder so ähnlich schon mehrfach geführt. Und ja, es ist nicht optimal, dem Garten im Sommer, also in der Haupterntezeit den Rücken zu kehren – aber es geht. Nur weil du einen Nutzgarten hast, musst du nicht auf Dinge wie Urlaubsreisen verzichten. Es kommt vielmehr darauf an, die Hauptarbeit im Garten zu dieser Zeit richtig einzuschätzen und vorzubereiten. Die wichtigsten Aufgaben in der Hinsicht sind Bewässerung, Ernte und alles aus den Beeten zu rupfen, was da nicht wachsen soll.

Was die Bewässerung anbelangt, findest du einige Möglichkeiten im entsprechenden Kapitel (ab S. 56), von Ollas über die automatische Tröpfchenbewässerung bis zum wassersparenden Anlegen der Beete. Fällt zusätzlich noch Regen, ist nur wenig Gießaufwand nötig (wobei du dich darauf natürlich nicht bedingungslos verlassen solltest).

Hier mal ein paar Ideen:

1 Du fragst in deinem Umfeld, ob jemand auf deinen Garten aufpassen kann, während du im Urlaub bist. Je besser du im Vorfeld alles angelegt hast, desto weniger Arbeit steht an. Je klarer du die Aufgaben kommunizierst und auf das Nötigste reduzierst (Beikraut kann z. B. auch mal 2 Wochen wachsen), desto geringer die Hemmschwelle, dir zu helfen.

Und obendrauf kannst du natürlich noch ein Angebot machen, das kaum jemand ablehnen wird: „Nutze die Sachen, die in der Zeit geerntet werden müssen, gerne für dich".

2 Du bezahlst jemanden dafür, dich zu vertreten. Bei einem sehr großen Garten und viel Arbeit sollte dies schon in Richtung Minijob gehen. Dies hat den Vorteil, dass die Person, die du anstellst, automatisch versichert ist[1]. Darüber hinaus gibt es Leute, die so etwas gewerblich machen. Auch hier ist es sehr vorteilhaft, wenn du die Aufgaben klar kommunizierst.

3 Du suchst Leute, die einen Garten und dasselbe Problem haben, aber zu einer anderen Zeit in Urlaub fahren. So könnt ihr gegenseitig auf eure Gärten aufpassen.

Keine gute Idee ist es, für einige Wochen den Garten einfach sich selbst zu überlassen. Reifen in der Zeit viele Früchte und Gemüse, beginnen sie zu faulen, wenn sie nicht geerntet werden – und das lockt Ratten an.

---

1 Ich beziehe mich hier auf die Rechtslage in Deutschland.

Einfach alles so lassen,
wie es ist, während du
unterwegs bist? Sofern es
in diesem Zeitraum etwas
zu ernten gäbe, würde
ich von diesem Plan eher
abraten.

Jenseits vom Gemüse:
Kräuter, Obst und Blumen

Was wären die selbstgeernteten Tomaten ohne tiefgrüne Basilikumblätter, frisch abgezupft? Oder die Gartenarbeit ohne eine Handvoll frischer Beeren zwischendurch? Wenn du diese Fragen wie ich mit „einfach nicht das Gleiche" beantworten würdest, findest du im Anschluss einige Empfehlungen für Kräuter, Obst- und Beerengehölze.

Der Klassiker im Selbstversorgungs-Garten: Kräuter

Dieses Kapitel startet mit einer superguten Nachricht: Nichts ist so einfach wie die komplette Selbstversorgung mit Kräutern. Das liegt zum einen daran, dass Kräuter nur einen kleinen Teil unserer Nahrung ausmachen und einfach anzubauen sind. Zum anderen kannst du die meisten Kräuter sehr gut trocknen.

Denkst du beim Stichwort Kräuter an würzige Beigaben im Salat und in anderen Speisen? Klar, in solchen Gerichten machen sie sich gut – aber nicht nur dort. Du kannst viele Kräuter auch für Tees nutzen, für kalte Getränke, zum Räuchern, für Seifen – oder als blühendes Buffet für viele Insekten. Wieder gilt: Wenn du von einem Kraut viel ernten kannst, ist die Wahrscheinlichkeit auch größer, dass du es häufiger nutzt. Anders gesagt: Dann finden Zitronenmelisse, Schnittlauch, Petersilie und Co. nicht alle paar Wochen in Kleinstmengen den Weg in deinen Salat, sondern täglich in Massen.

Das Einmaleins des Kräuteranbaus

Es gibt diverse Optionen, **wo und wie du Kräuter anbauen kannst**: zwischen deinem Gemüse im Beet (was bei einjährigen wie Dill, Petersilie und Koriander sehr sinnvoll ist), in Töpfen, als Beetbegrenzung, gemischt mit Stauden und Sträuchern überall dort, wo Platz ist – oder in einem eigenen Beet. Bedenke im letzteren Fall bitte, dass die kleinen Pflänzchen mit der Zeit viel mehr Platz benötigen. Im ersten Jahr wirst du noch damit beschäftigt sein, in den Lücken die Beikräuter zu entfernen, aber vielleicht schon im nächsten Jahr nehmen die Kräuterpflanzen den gesamten Raum ein, was dir eine Menge Pflegearbeit erspart.

Bei der Vielzahl von Kräutern gilt es, erst einmal grob in **einjährige und mehr-jährige** zu unterscheiden. Einige Kräuter wie Petersilie sind eigentlich zwei-jährig, überstehen aber selten den Winter im Freiland und falls doch, beginnen sie im Frühjahr anzublühen – gut zu wissen, wenn du eigenes Saatgut nehmen willst. In meine normalen Gemüsebeete pflanze ich nie mehrjährige Kräuter, da diese die Arbeitsabläufe – wie z. B. die Bodenbearbeitung – stören würden. Eine Ausnahme sind Beetanfang und -ende, wo schon mal ein Busch Salbei oder Zitronenmelisse Platz findet.

Die nächste Unterscheidung bezieht sich auf den **bevorzugten Boden-typ**. Ultimative Kräuterfans legen ihre Beete mit verschiedenen Erden an oder lassen einen Bodentyp in den anderen übergehen. So weit musst du aber nicht gehen; es reicht, ungefähr einschätzen zu können, welche Kräuter welche Vor-lieben haben. Mediterrane Kräuter wie Rosmarin, Thymian oder Majoran z. B. bevorzugen durchlässige Böden mit wenigen Nährstoffen (magere Böden). Diese Pflanzen wachsen in ihren Herkunftsländern gerne zwischen Steinen und vertragen Böden nicht, die lange sehr nass und zu nährstoffreich sind. An-dere Kräuter wie Dill, Petersilie, Borretsch oder Koriander kannst du wie schon erwähnt problemlos in dein Gemüsebeet setzen, da sie super mit dem Boden zurechtkommen, in dem auch Gemüse gut wächst.

Ein weiterer Faktor, auf den du achten solltest, ist die mögliche Wuchs-höhe. Ein Liebstöckel etwa kann locker über 2 m hoch werden. Sogar Kresse, die du vielleicht nur aus der kleinen Pappbox aus dem Supermarkt mit einer Höhe von 2 cm kennst, wird fast 1 m hoch, wenn du sie direkt ins Beet säst und sie dort ein paar Monate wachsen lässt. Beeinflusst wird dieses Wachstum natürlich u. a. immer von den Lichtverhältnissen. Die Devise lautet also: Finde vorher heraus, wie der Sonnenverlauf ist, und setze große Pflanzen hinter mit-telgroße und kleinere.

Achtung: Auch Kräuterbeete wollen gepflegt werden. Nehmen wir an, du pflanzt 12 verschiedene Kräuter und überlässt sie sich selbst. In dem Fall kann es sein, dass hier nach 2 Jahren nur noch 1–2 Arten wachsen. Das hängt natür-lich immer von den gewählten Kräutern ab, aber einige Exemplare wie etwa Minze bilden sehr schnell viele unterirdische Ausläufer und haben sogar die Kraft, andere Pflanzen zu verdrängen. Deshalb ist es für Minze ratsam, eine Wurzelsperre um die Pflanze zu bauen, wie z. B. einen vergrabenen Maurerkü-bel mit Löchern im Boden (sodass keine Staunässe entstehen kann).

Was macht sich gut im Kräutergarten?

Du bist startklar für Kräutertöpfe und frische Gewürze jeden Tag? Dann folgen hier ein paar Beispiele, welche Klassiker sich immer gut machen.

Zitronenmelisse

Sie breitet sich stark aus und kann bis zu 80 cm hoch werden, wenn sie blüht. Du kannst sie über Wurzelteilung und Samen einfach vermehren. Zitronenmelisse mag sonnige Standorte, kommt aber auch mit Halbschatten aus. Achte regelmäßig darauf, ob sich im Laufe des Jahres Flecken auf den Blättern bilden – sie sind ein Anzeichen für einen Pilz. Ein radikaler Rückschnitt sorgt in diesem Fall schnell dafür, dass die Pflanze neu austreibt.

Schnittlauch

Wenn du Schnittlauch aussäst, brauchst du ein wenig Geduld: Es wird nicht innerhalb einiger Wochen und Monate Schnittlauch in der Größe entstehen, wie du ihn aus dem Supermarkt kennst. Bis zur Ernte dauert es nach der Aussaat eine ganze Weile. Die gekauften Töpfchen enthalten i. d. R. Pflanzen, die auf einem Feld gewachsen sind und in Töpfe gepflanzt wurden. Falls du nicht so lange warten willst, kannst du genau diesen Schnittlauch aus der Obst- und Gemüseabteilung kaufen, austopfen und in 2–3 Stücke reißen (nicht schneiden) und an einem halbschattigen Standort platzieren. Der Schnittlauch teilt sich weiter unter der Erde und schon bald hast du kräftige Pflanzen. Generell kommt Schnittlauch mit einem halbschattigen Standort aus. Und übrigens: Die Blüten kannst du natürlich auch mitessen.

Basilikum

Bei Basilikum wird in 2 Gruppen unterschieden: ein- und mehrjährig. Mehrjährig ist zum Beispiel Strauchbasilikum, jedenfalls, wenn du ihn über den Winter ins Haus holst. Dort kannst du Basilikum theoretisch auch das ganze Jahr über aussäen: ab Mitte März, um es ab Mitte Mai ins Freiland zu pflanzen, oder laufend als Topfkraut für das Fensterbrett. Ich persönlich bevorzuge die Voranzucht, auch wenn Basilikum direkt gesät werden kann. Aber egal, ob im Topf oder Freiland, Basilikum ist sehr empfindlich, was die Bewässerung angeht. Schädlicher als zu wenig Wasser ist dabei zu viel Wasser und ganz besonders Staunässe. Sie entsteht gerne mal, wenn Basilikum im Topf wächst – und führt oft dazu, dass sich die Pflanze sehr schnell verabschiedet.

Petersilie

Petersilie ist zweijährig. Einen milden Winter überlebt sie auch schon mal im Freiland und fast immer im Folientunnel oder Gewächshaus. Im Frühjahr beginnt sie dann aber schnell zu blühen. Jetzt sollten Pflanze und Samen nicht mehr verwendet werden (weder roh noch gekocht), da der Apiol Gehalt zu hoch ausfällt.

Ich ziehe Petersilie ab Mitte März im Haus vor. Dabei kommen immer ca. 4–6 Samenkörner in einen kleinen Topf und wandern gegen Ende April ins Freiland. (Genau wie Basilikum kannst du Petersilie alternativ ganzjährig als Topfkraut für die Fensterbank aussäen.) Achte nur darauf, dort, wo sie einmal gewachsen ist, erst nach mindestens 3 Jahren erneut Petersilie anzupflanzen.

Dill

Ich kann es nicht anders sagen: Dill ist ein bisschen eigen – jedenfalls bei mir. Er neigt dazu, sehr schnell zu blühen, bekommt Läuse und manchmal mag er gar nicht wachsen. Am besten hat sich bei mir eine Voranzucht ab Mitte März im Haus bewährt. Die Pflanzen kommen dann ab Mitte April ins Freiland. Auch eine Direktsaat von April bis August funktioniert ganz gut. Bei dieser Pflanze lautet die Empfehlung also wohl oder übel: einfach ausprobieren, was an deinem Standort zu den besten Ergebnissen führt.

Oregano

Oregano ist eins meiner Lieblingskräuter und dementsprechend habe ich so viel davon angepflanzt, dass ich im Sommer genug ernten und trocknen kann, um damit problemlos bis zur nächsten Ernte auszukommen. Ich ernte ihn, wenn er schon Blüten gebildet hat, und schneide ihn kurz über dem Boden ab. So treibt er nochmal neu aus.

Praktischerweise gehört Oregano zu den Kräutern, die getrocknet hervorragend schmecken und lange ihr volles Aroma behalten. Lass ihn aber bitte nicht dauerhaft als dekorativen Kräuterstrauß in der Küche hängen, sondern gib ihn nach dem Trocknen in ein geeignetes Gefäß. Ich nutze ein hohes Glas mit Deckel, in das die gesamten Stängel hineinkommen. So habe ich es einmal in Italien gesehen – aus dem Glas wird dann bei Bedarf ein Stängel entnommen und die Blätter und Blüten werden mit der Hand zum Würzen abgerieben.

Oregano ist sehr frostunempfindlich; die Pflanzen strecken sich gerne in die Breite aus. Werden sie einmal zu groß, kannst du einfach ein Stück mit dem Spaten abstechen und woanders wieder einpflanzen oder verschenken. Der Boden sollte nicht zu feucht sein. Vermehrung ist über Samen, Stecklinge und Teilung möglich.

Majoran

Dieser Abschnitt fällt kurz aus, denn: Für Majoran gilt so ziemlich alles, was du gerade schon für den Oregano gelesen hast. Es besteht nur eine einzige Ausnahme: Majoran ist nicht besonders frostfest und übersteht die meisten Winter nicht. Also bietet er sich perfekt dafür an, in größeren Töpfen angebaut zu werden, die du dann im Winter ins Haus holst oder ins Gewächshaus stellst.

Bohnenkraut

Das einjährige Bohnenkraut säe ich Mitte bis Ende April direkt in Reihen neben meine Bohnen. Es verströmt einen sehr aromatischen Duft, den ich in keinem Jahr missen möchte. Dabei ist sein Einsatz in der Küche nicht nur auf Bohnen beschränkt – mit dem Kraut kannst du super experimentieren und es auch in anderen Speisen verwenden.

Das mehrjährige Bergbohnenkraut bildet Teppiche, die reich blühen und eignet sich gut dafür, an etwas herunterzuranken – z. B. an der Trockenmauer des Kräuterbeets. Pflanze das Kraut aufgrund des niedrigen Wuchses bitte so, dass es nicht von höheren Pflanzen beschattet wird. Die Ausläufer bilden schnell Wurzeln, was die Vermehrung sehr einfach macht.

Übrigens – ganz oft bekommst du kein Bergbohnenkraut, sondern Kaskadenthymian, wenn du dieses als Pflanze kaufst. Dieser ist aber generell sehr ähnlich und auch geschmacklich mit dem Bergbohnenkraut verwandt.

Einjähriges Bohnenkraut (links) und Bergbohnenkraut (rechts)

Thymian

Thymian gibt es in unzähligen Sorten, die sich stark unterscheiden: vom kleinen Halbstrauch mit verholzten Ästen bis zur Polsterstaude, die du sogar betreten kannst.

Farblich und geschmacklich gibt es ebenfalls Unterschiede. Als mediterrane Pflanze kommt er gut mit mageren, steinigen Böden zurecht, allerdings nicht so gut mit nassen. Er mag – wie fast alle Kräuter – einen sonnigen Standort. Die aufrecht wachsenden Sorten vertragen auch schon mal einen radikalen Rückschnitt, um einen Neuaustrieb zu begünstigen. Von Thymian kannst du Stecklinge nehmen, ihn aussäen oder die polsterbildenden Sorten einfach teilen.

Kresse

Hast du Kresse schon mal im Garten ausgesät und wachsen lassen? Die meisten sind erstaunt, dass aus diesen Minipflänzchen, die du fertig kaufen kannst, stattliche Pflanzen werden, die viele scharfe Blätter produzieren – eine willkommene Aromanote in jedem Sommersalat. Im Garten kannst du Kresse breitwürfig oder in Reihen aussäen. Oder aber du setzt auf die gute alte Kresse direkt vom Fensterbrett und platzierst das Kraut auf angefeuchtetem Küchenpapier o. Ä. an. Halte die Unterlage konstant feucht und du kannst innerhalb kürzester Zeit ernten.

Salbei

Neben dem Einsatz in der Küche (mein Favorit sind in Öl leicht frittierte Salbei-blätter) ist Salbeitee sehr beliebt. Am einfachsten ist es, wenn du die Salbeip-flanze deiner Wahl kaufst. Du hast dabei die Wahl zwischen Sorten mit mehrfarbigen, größeren und kleineren Blättern. Genauso ist es aber möglich, Salbei selbst auszusäen.

Gut zu wissen ist dabei, dass die mehrjähri-gen Pflanzen bis zu 80 cm hoch werden können, winterfest sind und dekorative Ministräucher bil-den. Achtung: Der Boden sollte nicht zu feucht sein. Salbei blühen zu lassen lohnt sich auf jeden Fall – allein schon für die Optik. Wie bei Zitronen-melisse ist beim Salbei allerdings Aufmerksam-keit gefragt: Ich habe in den letzten Jahren immer mal wieder gesehen, dass Salbeipflanzen in weni-gen Wochen eingegangen sind, da sie von einem Pilz befallen waren.

Liebstöckel

Diese auch als Maggikraut bekannte Pflanze kann im Freiland riesengroß werden – in der Blüte über 2 m. (Im Topf werden die Pflanzen natürlich nicht so groß.) Die Pflanze braucht einen guten Boden und bildet tiefe Wurzeln.

Das typische Aroma ist bestens als Würzzutat in Suppen geeignet. Am liebsten esse ich dieses Kraut frisch, aber auch getrocknet oder gefroren hat es noch ein starkes Aroma. Hin und wieder erwische ich mich dabei, im Garten an einem Blatt zu kauen und mir dann zu denken: „Zeit für eine Gemüsesuppe ...".

Rosmarin

Rosmarin gehört wohl zu den wichtigsten mediterranen Kräutern. Er kann riesige Sträucher bilden oder als kriechende Variante gut an Mauern herunterranken. Eine Vermehrung über angewurzelte Stecklinge ist sehr einfach. Inzwischen gibt es auch genug Sorten, die gut mit einem kalten Winter zurechtkommen. Das größte Risiko für Rosmarin ist im Winter allerdings gar nicht die Kälte – die meisten Schäden nimmt die Pflanze vom Verfaulen der Wurzel, wenn der Boden nicht durchlässig genug ist.

Lorbeer

Früher hatten wir immer ein paar gekaufte, trockene Lorbeerblätter im Haus, die meine Oma in Bratensoßen verwendet hat. Diese etwas einseitige Verwendung von Lorbeer ist nach wie vor weit etabliert. Schade eigentlich, denn Lorbeer-Aroma passt noch zu so vielen anderen Geschmacksnoten, darunter z. B. Tomatensoßen oder Fischgerichte. Wenn du eine Pflanze hast, probiere einmal die jungen, noch nicht harten Blätter.

Die Pflanze ist einigermaßen winterhart, kann aber in manchen Wintern auch Frostschäden nehmen. Aus diesem Grund steht mein kleiner Lorbeerbaum in einem Topf, den ich ins Haus holen kann, sobald frostige Tage vorhergesagt werden. So einen Topf bekommst du besonders gut im Frühjahr: Im Handel gibt es zu der Zeit oft Töpfe mit vielen kleinen Lorbeerpflanzen. Diese kannst du zu Hause problemlos auf einzelne Töpfe verteilen und mit deiner eigenen Lorbeerzucht durchstarten. Na gut, das wäre streng genommen gar nicht nötig, denn eigentlich reicht später eine einzige Pflanze, um deinen Bedarf mehr als genug zu decken. Aber: Schaden kann eine eigene „Mini-Zucht" auch nicht, denn so eine kleine Lorbeerpflanze ist doch immer wieder ein schönes Geschenk.

Minze

Bevor du dir Minze in den Garten holst, probiere am besten einmal ein paar verschiedene Sorten – die Auswahl ist riesig, und wahrscheinlich wird nicht jede deinen Geschmack treffen. Ich persönlich liebe Marokkanische Minze, besonders in Salaten, Kaltgetränken, Joghurtsoßen und als Tee.

Minzen werden fast nie ausgesät (obwohl das problemlos möglich ist), sondern meistens als Pflanze gekauft. Sie sind sehr winterhart und lassen sich im Topf im Freiland überwintern. Auch die Vermehrung ist mehr als einfach, da Minzen Ausläufer bilden und sich stark verbreiten – was sogar zum Problem werden kann und eine Wurzelsperre erforderlich macht, wie auf S. 210 schon beschrieben.

Bärlauch
Diese Waldpflanze unterscheidet sich stark von den bisher genannten Kräutern. Früh im Jahr zeigen sich die Blätter – aber Achtung: Ernte niemals alle davon. Denn damit würdest du der Pflanze zu viel Kraft entziehen und sie schwächen. Im April und Mai steht der Bärlauch in voller Blüte. Er mag einen schattigen, nicht zu trockenen Standort, zum Beispiel unter Bäumen oder Hecken. Die Pflanze teilt sich unter der Erde, vermehrt sich aber auch über den Samen.

Von Busch bis Baum: Eigenes Obst ernten

Lange Zeit war die Bevorratung mit Obst ein wichtiger Bestandteil der Selbstversorgung aus dem eigenen Garten. Schon in den Nutzgärten unserer Großeltern und wohl auch deren Großeltern fand sich neben Gemüsebeeten eine ansehnliche Sammlung an Obstbäumen und Beerensträuchern. Heute, wo die Gärten meistens nicht mehr so groß sind, fehlt der Platz für große Apfel-, Birnen-, Kirsch- und Pflaumenbäume – dennoch musst du auf Obst nicht verzichten.

Beeren ohne Ende

In so einem Fall bieten sich beispielsweise Beerensträucher an: Rote, Weiße, Schwarze und sogar Gelbe Johannisbeeren, Stachelbeeren, Jostabeeren, Himbeeren, Brombeeren, die weniger bekannten Tay- und Loganbeeren und Japanischen Weinbeeren, Blaubeeren und natürlich Erdbeeren – Auswahl gibt es genug. Hier ein kleiner Überblick, wie vielfältig Beerensträucher bzw. -stämme sein können:

Johannisbeeren und Stachelbeeren

Diese Beeren sind neben der typischen Strauchform auch als kleine Stämme erhältlich. Das vereinfacht nicht nur den Schnitt und die Ernte, sondern bietet die Möglichkeit, den Platz darunter ebenfalls zu nutzen – zum Beispiel, indem du dort Kräuter. Das Argument der Platznutzung gilt jedenfalls bei älteren Pflanzen. Bei Neupflanzungen wiederum solltest du den Bereich um die Pflanzen herum lieber mulchen.

Unter den Stachelbeeren kannst du andere Pflanzen setzen und dadurch den begrenzten Raum in deinem Garten effizient ausnutzen.

Das Gleiche funktioniert natürlich auch unter Johannisbeersträuchern.

Himbeeren

Gut zu wissen: Manche Sorten tragen zweimal. Fast jährlich gibt es neue Sorten, die neben den klassisch roten Früchten auch welche in Gelb, Orange oder Schwarz hervorbringen. Achtung: Damit die Ernte geschmacksintensiv und üppig ausfällt, brauchen die Himbeeren einen sonnigen Standort. Aber auch im Halbschatten ist eine Ernte möglich. Beim Anbau im Topf oder Kübel gilt: Achte auf genügend Nährstoffe.

Himbeeren schmecken umso süßer, je mehr Sonne sie bekommen.

Brombeeren

Wenn du Brombeeren neu anpflanzt, achte bei der Auswahl darauf, ob die betreffende Sorten Dornen bekommt. Es kann zwar trotzdem passieren, dass sich bei einer dornlosen Sorte mit der Zeit Dornen entwickeln – aber unterm Strich machst du dir den Strauchschnitt und die Entsorgung des Materials leichter, wenn du dich für Sorten ohne Dornen entscheidest. Mit der Brombeere, die in meinem Garten wuchs, als ich ihn übernahm, hatte ich jedenfalls Glück – sie ist bei heute dornenlos geblieben.

Achte außerdem darauf, ob deine gewählte Sorte die unangenehme Eigenschaft hat, unterirdische Ausläufer zu bilden (was leider auf viele Sorten zutrifft) – nicht, dass die Überraschung groß ist, wenn auf einmal aus deinem Gemüsebeet Brombeeren wachsen.

Meine Brombeersträucher sind glücklicherweise dornenlos.

Heidelbeeren

Achtung: Heidelbeeren benötigen einen sauren Boden, aus diesem Grund baue ich sie in sehr großen Töpfen an. Informiere dich auf jeden Fall vorab, welche Sorten nebeneinander sich positiv auf den Ertrag auswirken. Mehrere Sorten zu kombinieren ist deshalb sinnvoll, weil sie sich dadurch besser gegenseitig befruchten, als es bei gleichen Sorten der Fall ist. Und es mag selbsterklärend erscheinen, aber: Lege die Heidelbeersträucher so an, dass sie gut zugänglich sind und du dich bei der Ernte nicht zu sehr verrenken musst. (Das gilt natürlich generell für alle anderen Beerenstämme und -sträucher genauso.)

Mit der richtigen Sortenkombination kannst du unter Umständen noch mehr Beeren ernten.

Erdbeeren

Wo und wie du diese Beeren am besten anpflanzt, hängt u. a. damit zusammen, wie viel du ernten möchtest. Mir persönlich war lange Zeit die Ernteperiode von wenigen Wochen einfach zu gering, um ganzjährig ein komplettes Beet damit zu besetzen. Bis ich remontierende Erdbeeren kennengelernt habe, allen voran die Sorte ‚Mara de Bois‘: eine französische Gourmetsorte mit mittelgroßen Früchten, die vom Beginn der Saison bis in den Spätherbst immer wieder neue Blüten und Früchte bildet. Wenn du kein ganzes Beet für Erdbeeren opfern willst, ist es vielleicht eine gute Idee, diese als Beetumrandung zu pflanzen.

Beerensträucher sind jedenfalls das perfekte Beispiel für meine persönliche Hauptmotivation, Obst im Garten zu haben: Es geht mir nicht so sehr um die Möglichkeit, den Großteil einzumachen, als vielmehr darum, das Obst frisch zu verzehren – am liebsten direkt vor Ort von der Pflanze in den Mund. Die Aussicht auf ein paar Hände voll frischer Beeren motiviert mich, in den Garten zu gehen, auch wenn ich eigentlich keine Zeit habe.

Obstbäume

Fast alle Obstbäume sind heutzutage auf einer Unterlage mit speziellen Eigenschaften veredelt. (Das Prinzip der Veredelung hast du ja auf S. 80 schon kennengelernt.) In der Regel wird die Unterlage so gewählt, dass der Wuchs schwach ist und der Baum nicht sehr hoch wird. Auch Säulen- und Spalierobst wird immer beliebter – so können selbst auf kleinem Raum viele Obstbaumarten angebaut werden. Solltest du in deinem (Obst-)Garten aber reichlich Platz haben, kannst du dir natürlich genauso gut überlegen, einen Obstbaum etwas größer werden zu lassen. So ein Schattenspender bietet dir im Sommer einen besonders attraktiven Sitzplatz, aber auch für Vögel sind solche Bäume als Nistplatz wichtig.

Bevor du aber mit Feuereifer Pflanzlöcher gräbst, lass dich am besten ausführlich in einer Baumschule beraten. Denn da Bäume für viele Jahre und Jahrzehnte in deinem Garten bleiben, sollte die Auswahl hier nicht aus dem Bauch heraus erfolgen. Neben deinen kulinarischen Vorlieben ist z. B. auch die Frage wichtig, ob eine Sorte für gute Erträge eine bestimmte Bestäubersorte benötigt. Das ist besonders bei einigen Birnensorten, aber auch Pflaumen und Äpfeln wichtig.

Es ist schon erstaunlich, wie viel größer die Ernte und die Fruchtqualität ausfallen, wenn die richtigen Bestäubersorten gepflanzt wurden. Darüber musst du dir wiederum weniger Gedanken machen, wenn in der Nähe der geplanten Pflanzstelle viele andere Obstbäume stehen.

Und gleich noch ein Beispiel: Solltest du in einer Region wohnen, wo regelmäßig mit Spätfrösten zu rechnen ist – also Frösten, die noch auftreten, wenn der Baum schon in Blüte steht –, dann schau dich nach Sorten um, die spät blühen. In einer Baumschule bei uns in der Nähe ist es jedes Jahr wieder interessant zu sehen, wie einige Apfelsorten erst mit der Blüte beginnen, wenn die meisten anderen schon verblüht sind.

Diese Apfelblüten hat leider der Spätfrost erwischt.

Sieht doch schon besser aus – achte bei der Wahl der Apfelsorten darauf, dass die Blütezeit des Baums mit den Temperaturverhältnissen deiner Region zusammenpasst.

Und in meinem Garten? Dort stehen 1 kleiner Apfelbaum, 2 Säulenäpfel, je 2 kleine Birn- und Pfirsichbäume, 1 Säulenkirsche, 3 kleine Feigenbäume, 1 noch sehr kleiner Maulbeerbaum und 1 winterfeste Kaki.

Hätte ich mehr Platz, würde ich das Sortiment noch um Pflaumen, Sauerkirschen, Walnuss, Quitten, Aprikosen, Nektarinen, Mispeln und Mirabellen erweitern. Die Position der Bäume ist so gewählt, dass sich der Schattenwurf nicht negativ auf andere Pflanzen auswirkt. Dafür ist es natürlich notwendig, die Äste regelmäßig zuzuschneiden. Zugegeben, Obstbaumschnitt ist eine Wissenschaft für sich, aber zum Glück gibt es zu diesem Thema reichlich Hilfestellungen in Form von Büchern, Videos oder Workshops.

Ich durchforste immer mal wieder die Immobilienanzeigen, um einigermaßen günstig an ein Grundstück zu gelangen, welches als Bauland ungeeignet ist und auf dem ich einen kleinen Obstgarten anlegen kann. Einige Obstbäume, viele Wildblumen, kurz: ein Paradies für Insekten und Vögel. Vielleicht hast du ja in deiner Nähe so ein Grundstück und kannst dort dein eigenes Obstparadies gründen – allein oder mit anderen.

Ich kann aus meinem Garten u. a. Birnen, Äpfel und Feigen ernten.

Tipp: Wenn du in deinem Garten eh Probleme mit Wühlmäusen hast, ist es eine gute Idee, bei der Neupflanzung einen Wühlmaus-Drahtkorb um den Wurzelballen anzubringen. Ja, richtig, die gefräßigen Nager beschränken sich nicht nur auf Karotten und Co.

Holunder

Brombeeren

Apfelbaum

Kaki

Schwarze
Johannisbeeren

Stachel-
beeren

Heidelbeeren

Stachelbeeren

Pfirsichbäume

Jostabeeren

Feigenbaum

Brombeeren

Erdbeeren

Kirschbaum

Säulenäpfel

Birnbaum

Japanische
Weinbeere

Johannisbeere

Holunder

Himbeeren

Himbeeren

WIE SICH OBST IM GEMÜSEGARTEN INTEGRIERT

Je mehr Platz du zur Verfügung hast, desto einfacher ist es, Obst in deinem Garten mit Gemüsebeeten zu integrieren. Stellt sich nur die Frage, wo das am meisten Sinn macht. Die Antwort ist im Grunde einfach: Es muss vor allem sichergestellt sein, dass die Obstbäume und Sträucher keinen nennenswerten Schatten auf die Gemüsebeete werfen. Und zwar auch dann nicht, wenn sie größer werden. Dazu musst du wiederum nur wissen, wie der Sonnenverlauf auf deinem Grundstück aussieht (wie eingangs schon erwähnt).

In den allermeisten Fällen gilt jedenfalls, dass direkt in den Beeten aufgrund ihrer geringen Wuchshöhe fast nur Erdbeeren möglich sind. Rhabarber findet sich ebenfalls oft am Anfang oder Ende eines Beetes – aber er gehört eigentlich zu den Gemüsen, auch wenn er meistens wie Obst verwendet wird (z. B. in einem köstlichen Rhabarberkuchen mit Baiserhaube).

Aber neben den Obstbäumen selbst gibt es ja auch noch den Platz dazwischen – den du selbstverständlich ebenfalls für deine Selbstversorgung nutzen kannst. In diesem Fall geht es um die Selbstversorgung mit Mulch und Dünger. Der Mulch entsteht durch das Mähen oder Sensen der Pflanzen, die dort wachsen – und erspart es dir, Mulchmaterial zukaufen zu müssen. Und wenn du zwischen den Bäumen Brennnesseln und Beinwell ansiedelst, hast du immer eine Quelle für die Produktion von Pflanzenjauche.

Im Bild links habe ich eingezeichnet, wo ich in meinem Garten Obst und Beeren anbaue.

Blühpflanzen im Garten

Blühende Pflanzen runden den Garten ab und machen ihn noch attraktiver – nicht nur für Insekten, sondern auch für dich. Übrigens: Mit Blühpflanzen sind nicht nur „Blumen" gemeint, die du aus dekorativen Gründen pflanzt. Nein, der Begriff schließt u. a. viele Gemüse- und Kräuterpflanzen ein, die ebenfalls blühen – besonders Fruchtgemüse wie Tomaten, Gurken und Bohnen. Die Auswahl ist jedenfalls riesig und könnte locker ein ganzes Buch füllen. Das wäre hier zu viel des Guten, aber für eine erste Orientierung habe ich anschließend einige Blühpflanzen in Kategorien unterteilt.

1. Gemüsepflanzen und Fruchtgemüse

Folgende Pflanzen blühen vor der Ernte: Bohnen, Feuerbohnen und Erbsen. Beim Fruchtgemüse sind es u. a. Tomaten, Gurken, Auberginen, Chili, Melonen, Kürbis, Zucchini, Paprika und Okra.

Auch Salate, Zichoriengewächse wie Radicchio, Artischocken und Cardy (auch bekannt als Spanische Artischocke), Fenchel, Pastinaken und Kohl (der besonders reichhaltig und früh im 2. Jahr blüht) gehen in Blüte.

Erbsen

2. Blühende Nutzpflanzen und Kräuter

Diverse Nutzpflanzen liefern nicht nur Saatgut, sondern sehen in der Blüte außerdem sehr schön aus. Dazu zählen: Sonnenblumen, Obstbäume und Sträucher (z. B. Kirschbäume oder Erdbeeren), Topinambur, Kartoffeln (je nach Sorte), Ringelblumen, Rosen oder Kapuzinerkresse.

Bei den Kräutern sind besonders die Blüten von Salbei, Rosmarin, Thymian, Bergbohnenkraut, Liebstöckel, Basilikum, Ysop, Dill und Alant eine echte Bereicherung.

Kapuzinerkresse

Erdbeeren

3. Heimische Arten

In diese Kategorie fallen u. a. Taubnesseln, Brennnesseln, Kamille, Mohn, Kornblumen, Margeriten, Johanniskraut, Mutterkraut, Skabiosen, Weberkarden, Disteln, Baldrian, Echtes Labkraut, Schlüsselblumen, Malven, Beinwell, Wegwarten oder Wilde Möhre.

Malven

4. Gründüngungspflanzen

Folgende Pflanzen erfüllen einerseits einen praktischen Nutzen, weil sie sich bestens für die Gründüngung eignen – andererseits kann man sich auch einfach an ihrem Anblick erfreuen: Phacelia, Sonnenblumen, Lein, diverse Kleearten, Ölrettich, Esparsette, Gelbsenf, Silphien, Saatwicken, Buchweizen, Tagetes und Lupinen.

Phacelia

Cosmea

5. Dekorative Blühpflanzen

Zum Abschluss dürfen natürlich jene Pflanzen nicht fehlen, die „nur" dekorative Zwecke erfüllen (abgesehen davon, dass sie reichlich Nahrung für Insekten bieten): Kosmeen, Levkojen, Astern, Löwenmäulchen, Mohn, Königskerzen, Nachtkerzen, Jungfer im Grünen, Stockrosen, Phlox, Glockenblumen, Marokkanisches Leinkraut, Zinnien, Wolfsmilch sowie Prachtwinden, Ziersträucher und -gehölze.

Welcher Platz eignet sich am besten für Blühpflanzen?

Die Integration im Gemüsegarten ist nicht schwer, aber einige Dinge solltest du beachten. In erster Linie stellt sich die Frage, ob die Blühpflanzen ihr eigenes Beet haben oder mit ins Gemüsebeet kommen sollen. Das wiederum hängt davon ab, wie viel Platz sie im Lauf der Zeit beanspruchen.

Als Beispiel, was ich damit meine: In meine Gemüsebeete kommen, genau wie bei den Kräutern, nur einjährige Sorten von Blühpflanzen. Einige davon werden dann aber mit der Zeit in ein Extrabeet verfrachtet, da sie zu sehr wuchern – die Kapuzinerkresse z. B. bildet durchaus mal meterlange Ranken. Sonnenblumen werden mir fast immer zu hoch und werfen dadurch zu viel Schatten auf die Gemüsepflanzen. Ringelblumen wiederum neigen zwar ebenfalls dazu, (zu) viel Platz einzunehmen, vor allem neben kleinwüchsigen Gemüsepflanzen, aber zwischen Kohlpflanzen machen sie sich ganz gut, genau wie Tagetes. Auch Kamille sieht in jedem Gemüsebeet super aus und versorgt dich gleichzeitig mit einem beachtlichen Teevorrat.

Zinnien

Herbstastern

Du siehst aber schon: Das Platzthema ist nicht zu unterschätzen. Aus dem Grund ist mir ein separates Beet für die meisten ein- und mehrjährige Blumen und Stauden lieber. An geeigneten Plätzen finden sich in meinem Garten immer kleine blühende Inseln. Wenn du das ebenfalls so handhaben willst, wäre meine Empfehlung, dass du dich nicht nur auf Sommerblumen beschränkst, sondern bei der Wahl der Pflanzen immer darauf achtest, lange Zeit im Jahr etwas Blühendes in deinem Garten zu haben. Ich lasse z. B. im Frühjahr an vielen Stellen Taubnesseln blühen – ein Fest für Hummeln, die zu dieser Zeit zahlreich im Garten zu finden sind.

Blumen selbst aussäen – aber richtig

Einige Blühpflanzen lassen sich sehr gut direkt ins Beet säen. Wenn du aber gezielt die Plätze vergeben möchtest, bietet es sich bei den meisten Blumen an, sie vorzuziehen. Ich verwende dafür zum Großteil Multitopfplatten. Mit einer 77er-Platte mit Zinnien, Kornblumen, Ringelblumen, Kalifornischem Mohn und Kapuzinerkresse konnte ich Teile meines Gartens in ein Blütenmeer verwandeln.

Wenn du den Pflanzen jedenfalls beim Aussäen genug Platz zum Wachsen gibst, können sehr große Exemplare entstehen. Ein Beispiel hierfür sind Blühmischungen: Einfach ausgesät, bilden sich zwar viele Pflanzen, diese stehen aber sehr schnell in direkter Konkurrenz um Platz, Licht und Nährstoffe zueinander, sodass viele von ihnen kaum zum Zug kommen.

Viele mehrjähre Pflanzen kannst du bereits im Spätsommer und im Herbst säen. Sie überwintern als sehr kleine Pflanze im Freiland und blühen dann im kommenden Jahr. Das ist besonders bei Pflanzen sinnvoll, die erst im zweiten Jahr blühen, aber auch bei solchen, die auf diese Art sehr früh im nächsten Jahr anfangen zu blühen. Gute Beispiele dafür sind Mohn, Alant, Kornblumen, Küchenschellen oder Beinwell. Auch viele Frühjahrsblüher wie Osterglocken, Tulpen, Krokusse oder Schneeglöckchen werden als Zwiebel oder Knolle bereits im Herbst gepflanzt.

Der Kalifornische Mohn hat zwischen meinen Kürbispflanzen Platz gefunden und blüht nicht zu wenig, wie man sieht.

MUSS EINE BLÜHPFLANZE BIENEN-FREUNDLICH SEIN?

Nein. Nein? Vielleicht überrascht dich das jetzt, immerhin wird in den Medien laufend betont, wie wichtig es ist, Bienen zu unterstützen. Versteh mich an dieser Stelle bitte nicht falsch: Klar sind Bienen wichtig, immerhin bestäuben sie Nutzpflanzen, produzieren Honig etc. Und es ist ohne Frage so, dass 80 % meiner blühenden Pflanzen sehr gerne von diversen (Wild-)Bienen angeflogen werden. Aber: Auch Fliegen und Wespen bestäuben Pflanzen. Und dann sind da ja noch all die anderen Insekten, die von Pflanzen profitieren, welche absolut keinen Nutzen für Bienen haben: Nachtfalter, Hummeln, Käfer usw.

Mit anderen Worten: Ein funktionierendes Ökosystem besteht aus sehr vielen Arten, und jede Art hat ihren Platz darin. Zugegeben, einige machen uns und unserem Gemüse das Leben schwer, trotzdem dienen sie als Futter für andere oder haben ihre ganz eigenen Aufgaben.

Wenn du also unbedingt eine bestimmte Blume bzw. Blühpflanze in deinem Garten haben möchtest: Mach es einfach – du weißt nie, welches Tier sich darüber freut.

Und jetzt du!

Jetzt sind wir doch tatsächlich schon am Ende des Buchs angekommen. Mir bleibt nur noch, dir viel Erfolg und vor allem Freude beim Ausprobieren zu wünschen. Wenn du dir anschauen möchtest, was ich in meinem Garten über das Jahr so mache, welche neuen Pflanzen ich ausprobiere, ob ich neue Methoden finde, die uns die Gartenarbeit noch einfacher machen, und wie ich die Ernte in der Küche nutze und haltbar mache: Schaue gerne jederzeit auf meinem YouTube-Kanal SelfBio vorbei.

Es ist schon eine kleine Tradition geworden, dass ich jedes Video mit folgendem Satz beende – warum also nicht auch dieses Buch:

„Ich hoffe, euch hat dieses Video (oder eben Buch) gefallen! Falls ja, gebt ihm einen Daumen nach oben (ich schätze das geht bei einem Buch schlecht), empfehlt diesen Kanal weiter (das geht auch ganz klasse bei einem Buch) und dann hoffentlich bis zum nächsten Mal. Machts gut und ciao!"

Dank

Natürlich möchte ich es nicht versäumen, hier einigen Menschen zu danken. Allen voran meiner Mutter, die uns sehr früh einen Garten besorgt hat und mich ohne Druck einfach machen hat lassen.

Marcel, in dessen Gärtnerei Gartenoase Köln-West viele meiner Videos entstehen, die er auch durch sein Fachwissen bereichert und von dem ich so viel lernen durfte. Heinrich, der das Projekt SelfBio von Anfang an durch Wissen unterstützt hat. Björn, der uns allen einen Einblick in seine beeindruckenden Gewächshäuser gibt. Jens, der neuerdings Baumschul-Fachwissen mit mir teilt, sowie Nadja (Neues vom Landei). Ralf (Der Selbstversorgerkanal), sozusagen das Selbstversorger-Urgestein, der mir damals nahegelegt hat, YouTube-Videos zu machen, und Max (dergartenkanal), der mich dann final zu meinem ersten Video „gedrängt" hatte.

Danke auch an Ben, André, Olaf und Erika, Fabian, Alex, Hannelore, Heidi und Walter, Blandina, die Garten-YouTuber-Community sowie natürlich an alle Menschen, die meine Videos schauen.

Nicht zuletzt gilt mein Dank Marco, mit dem ich 2018 Borago gegründet habe: unseren Onlineshop für Gartenbedarf und Bio-Saatgut. Damals standen die ersten Warenregale noch im Büro in meinem Privathaus. Inzwischen haben wir uns vergrößert, schaffen Jobs und entwickeln immer neue Artikel, die in diversen Gärten zum Einsatz kommen. Vieles davon kommt aus dem Profibereich, wie unsere Gemüseschutznetze, Tomatenhaken, die Broadfork und das samenfeste Bio-Saatgut. Es war uns wichtig, genau die Dinge zu bieten, die mir woanders immer gefehlt hatten: hochwertige, nützliche und nachhaltige Waren. Die Gründung von Borago war ein wichtiger Meilenstein für mich. In diesem Sinne: Danke an meine Borago-Family!

Für noch mehr Gartenwissen: Anhang

Register

Bezugsquellen für Saatgut und Ausstattung

- Arche Noah: arche-noah.at
- Bingenheimer Saatgut AG: bingenheimersaatgut.de
- Borago: borago.de
- Culinaris: culinaris-saatgut.de
- Dreschflegel GbR: dreschflegel-saatgut.de
- Pro Specie Rara: prospecierara.ch
- ReinSaat: reinsaat.at
- VEN Verein zur Erhaltung der Nutzpflanzenvielfalt e. V.: nutzpflanzenvielfalt.de

Bücher

- Drage, Sigrid: *Wie du dein eigenes Saatgut gewinnst – und so ein kleines Stück Welt rettest. Alte Sorten erhalten, Pflanzenvielfalt feiern, unabhängig sein.* Löwenzahn, Innsbruck 2021.
- Heistinger, Andrea: *Handbuch Bio-Gemüse. Sortenvielfalt für den eigenen Garten.* Löwenzahn, Innsbruck 2010.
- Kiss, Fiona; Steinert, Andreas: *Wer knabbert da an meinem Gemüse? Von Plagegeistern und kleinen Helfern. Pflanzen schützen, Gleichgewicht fördern, Vielfalt begrüßen.* Löwenzahn, Innsbruck 2021.
- Laber, Hermann; Lattauschke, Gerald: *Gemüsebau.* Ulmer, Stuttgart, 2023.
- Palme, Wolfgang: *Ernte mich im Winter. Einfach immer frisches Gemüse. Säen, wachsen, glücklich sein.* Löwenzahn, Innsbruck 2019.
- Paschold, P. J.: *Bewässerung im Gartenbau.* Ulmer, Stuttgart 2010.

Impressum

Sicher. Kreislauffähig.
Klimafreundlich.
C2C Certified® SILBER by gugler*
drucksinn.at

print 4 climate®

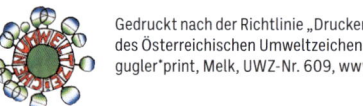
Gedruckt nach der Richtlinie „Druckerzeugnisse"
des Österreichischen Umweltzeichens.
gugler*print, Melk, UWZ-Nr. 609, www.gugler.at

Löwenzahn-Bücher werden auf höchstem ökologischen Standard gedruckt, ausschließlich mit Substanzen, die wieder in den biologischen Kreislauf rückgeführt werden können. Cradle to Cradle™-zertifiziert by gugler*, klimafreundlich, auf Papier, das in Österreich produziert wurde, und ohne Plastikfolie, die dein Lieblingsbuch unnötig einhüllt – für unsere Umwelt und unsere Zukunft.

1. Auflage
© 2024 by Löwenzahn in der Studienverlag Ges.m.b.H.,
Erlerstraße 10,
A-6020 Innsbruck

E-Mail:
loewenzahn@studienverlag.at

Internet:
www.loewenzahn.at

Inhaltliche Betreuung:
Löwenzahn Verlag/
Christina Kindl-Eisank

Konzept, Lektorat und Projektleitung:
Löwenzahn Verlag/Josefa Niedermaier

Umschlag- und Buchgestaltung, Illustrationen sowie grafische Umsetzung:
Philipp Putzer, www.farbfabrik.it
unterstützt von Elisabeth Mair,
www.elisabethmair.com

Fotografien:
alle Fabian Weiss, außer Sascha Singh, S. 12, 20, 24, 28, 32, 36, 39, 41, 43, 47, 49, 54, 64 (rechts), 80, 83, 106, 108, 110, 112, 119, 121, 122 (links) 125 (rechts), 126, 128, 129 (rechts), 130, 132, 137, 141, 142, 143, 146, 148, 149, 152–156, 159, 160, 161, 163, 166, 167, 170, 171, 173, 175, 179, 185, 187, 188, 195, 198, 199, 207, 211–216, 218–221, 223 (oben), 224, 225 (links, Mitte), 228–231; iStock/Toni Jardon, S. 180

Bibliografische Information Der Deutschen Nationalbibliothek

Die Deutsche Nationalbibliothek verzeichnet diese Publikation in der Deutschen Nationalbibliografie; detaillierte bibliografische Daten sind im Internet über <http://dnb.dnb.de> abrufbar.

ISBN 978-3-7066-2987-4